Gallas/Klein/Dreßing
Beratung und Therapie von Stalking-Opfern

Aus dem Programm Verlag Hans Huber
Klinische Praxis

Zum Thema «Stalking» ist im Verlag Hans Huber ebenfalls erschienen:

Harald Dreßing/Peter Gass
Stalking!
Verfolgung, Bedrohung, Belästigung
ISBN (978-3-456-84196-0)

Informationen über unsere Neuerscheinungen finden Sie im Internet unter:
www.verlag-hanshuber.com

**Forschungskooperation WEISSER RING e.V.
und Zentralinstitut für Seelische Gesundheit**

2003: Repräsentative Erhebung zur Prävalenz von Stalking-Opfern sowie damit einhergehender psychischer Beeinträchtigungen in der Bevölkerung

2006: Implementierung eines strukturierten therapeutischen Gruppenprogramms für Stalking-Opfer

2008: Implementierung eines strukturierten therapeutischen Gruppenprogramms für Stalking-Opfer: Validierung der Ergebnisse des Pilotprojekts und Optimierung des Behandlungsmanuals durch Praxistests

Christine Gallas / Ulrike Klein / Harald Dreßing

Beratung und Therapie von Stalking-Opfern

Ein Leitfaden für die Praxis

Mit einem Vorwort von Prof. Dr. Reinhard Böttcher

Verlag Hans Huber

Dieses Projekt wurde mit dem WEISSEN RING, Deutschland, realisiert, wir danken dem WEISSEN RING für die Unterstützung.

Adressen der Autoren:

Diplom-Psychologin
Christine Gallas
Zentralinstitut für Seelische Gesundheit
Bereich Forensische Psychiatrie, J5
D-68159 Mannheim

Diplom-Psychologin
Ulrike Klein
Zentralinstitut für Seelische Gesundheit
Bereich Forensische Psychiatrie, J 5
D-68159 Mannheim

Professor (apl.)
Dr. Harald Dreßing
Zentralinstitut für Seelische Gesundheit
Leiter des Bereichs Forensische Psychiatrie, J 5
D-68159 Mannheim

Lektorat: Monika Eginger
Herstellung: Daniel Berger
Umschlag: Claude Borer, Basel
Satz: sos-buch, Lanzarote
Druck und buchbinderische Verarbeitung: AZ Druck und Datentechnik GmbH, Kempten
Printed in Germany

Bibliografische Information der Deutschen Nationalbibliothek
Die Deutsche Nationalbibliothek verzeichnet diese Publikation in der Deutschen Nationalbibliografie; detaillierte bibliografische Daten sind im Internet über http://dnb.d-nb.de abrufbar.

Anregungen und Zuschriften bitte an:
Verlag Hans Huber
Länggass-Strasse 76
CH-3000 Bern 9
Tel: 0041 (0) 31 300 4500
Fax: 0041 (0) 31 300 4593
http://www.verlag-hanshuber.com

1. Auflage 2010

ISBN 978-3-456-84874-7

Inhaltsverzeichnis

Vorwort 9

Einleitung 11

Die Module des Manuals im Überblick 14

Stalking: Einführung in die Thematik 17

1. Definition von Stalking 17
2. Häufigkeit von Stalking 19
3. Dauer von Stalking 20
4. Abgrenzung des Begriffs Stalking von ähnlichen Phänomenen 21
5. Risikofaktoren für Stalkingviktimisierung 23
6. Charakteristika von Stalkern und Tätertypologien 24
7. Erklärungsansätze zur Entstehung und Aufrechterhaltung von Stalking 28
   7.1 Aufrechterhaltung des Stalking-Verhaltens durch Operante Konditionierung 30
8. Psychosoziale Auswirkungen von Stalking 31
   8.1 Gesundheitliche Konsequenzen 31
   8.2 Soziale und ökonomische Konsequenzen 32
   8.3 Auswirkungen auf die Kinder 33
9. Stalking als Straftatbestand 35
10. Cyberstalking 37
   10.1 Definition von Cyberstalking 37
   10.2 Methoden des Cyberstalking 37
   10.3 Prävalenz von Cyberstalking 39
   10.4 Täter- und Opfermerkmale bei Cyberstalking 40
   10.5 Konsequenzen für die Beratungspraxis 41

Teil I: Beratung[1] ... 43

Ist-Analyse ... 45

1. Erfassung der Stalkingsituation ... 45
2. Risikoeinschätzung ... 46
3. Einschätzung der psychosozialen Beeinträchtigung ... 49
4. Umgang mit «falschen Opfern» ... 51

Fallmanagement ... 55

5. Einleitung weiterer Maßnahmen ... 55
6. Verhaltensstrategien im Umgang mit Stalking ... 57
   - 6.1 Allgemeine Verhaltensstrategien ... 57
   - 6.2 Verhaltensstrategien bei gemeinsamen Kindern ... 61
   - 6.3 Umgang mit Stalking im beruflichen Kontext ... 63
   - 6.4 Maßnahmen bei Cyberstalking ... 65

Teil II: Therapeutische Unterstützung[2] ... 67

Formale Aspekte ... 69

Gruppensetting ... 72

Erste Sitzung ... 75

Begrüßung und Vorstellung ... 76
Angebote vorstellen ... 77
Stalking-Tagebuch ... 79
Ausblick ... 81
  Beispiel: Stalking-Tagebuch ... 83

Modul: Günstiges und ungünstiges Verhalten ... 85

Wie lernt der Stalker? ... 86
Verhaltensanalyse: Welches Verhalten ist für mich günstig? ... 89
Sicherheitsverhalten ... 94
– Beispiel: Arbeitsblatt «Welche meiner Verhaltensweisen sind für mich günstig und welche sind ungünstig?» ... 97

---

1 richtet sich an Berufsgruppen, die in der Beratung tätig sind. Eine psychotherapeutische Grundausbildung ist keine Voraussetzung

2 für die Durchführung dieses Manualteils ist eine psychotherapeutische Ausbildung empfehlenswert

Modul: Bewältigung belastender Stalking-Situationen 99

Rollenspiel 100
Stressimpfungstraining 103
– Beispiel: Arbeitsblatt «Stressimpfung» 107

Modul: Bearbeitung dysfunktionaler Gedanken 109

Techniken um dysfunktionale Gedanken infrage zu stellen 111
Verankerung von Alternativkognitionen 114
Was tun bei kreisenden Gedanken? Imaginationsübungen zur Unterbrechung belastender Gedanken 116

Modul: Umgang mit belastenden Emotionen 119

Möglichkeiten zum Umgang mit «überschießenden» Emotionen 121
– Atemübungen, Kurzentspannung 122
Allgemeine Hilfestellungen zum Umgang mit belastenden Emotionen ... 123
Umgang mit Ambivalenz gegenüber dem Stalker 128

Modul: Selbstkonzept/Opferrolle 133

Modul: Aufbau angenehmer Aktivitäten 139

Abschlusssitzung 141

Literaturverzeichnis 143

Literatur zur Einführung in das Thema «Stalking» 146

Anhang 147

A1 Gesprächsleitfaden Erstberatung 149
A2 Fragebogen zum Wohlbefinden (WHO-5) 153
A3 Infoblatt «Anti-Stalking-Regeln» 154
A4 Infoblatt «Maßnahmen bei Cyberstalking» 156
A5 Infoblatt «Rechtlicher Schutz gegen Stalking» 157
A6 Stalking-Tagebuch 159
A7 Infoblatt «Wie lernt der Stalker?» 160
A8 Arbeitsblatt «Für mich günstige und ungünstige Verhaltensweisen» 162
A9a Infoblatt «Stressimpfung» 163
A9b Arbeitsblatt «Stressimpfung» 165
A10 Infoblatt «Gedanken hinterfragen» 167
A11 Imaginationsübungen zur Unterbrechung belastender Gedanken .. 168

A12 Atemübungen, Kurzentspannung 170
A13 Liste angenehmer Aktivitäten 171

So hilft der WEISSE RING 177

Stichwortverzeichnis 181

Vorwort

Es ist mindestens zehn Jahre her, dass der WEISSE RING sich in seiner Opferarbeit erstmals mit dem Thema Stalking auseinandersetzen musste. Schnell wurde deutlich, dass das Wissen darüber sehr gering war und ein hoher Erkenntnisbedarf bestand, um Grundlagen für eine wirksame Opferhilfe und ein verantwortungsbewusstes öffentliches Eintreten für die Belange von Stalking-Opfern zu schaffen.

Deshalb haben wir uns beim Thema «Stalking» in der Förderung wissenschaftlicher Forschung engagiert. Im Ganzen gesehen ist Forschungsförderung nur ein kleiner, wenn auch wichtiger Teil unseres Engagements. Wir sind im Schwerpunkt eine Hilfsorganisation für Menschen, die Opfer einer vorsätzlichen Straftat wurden und deshalb Hilfe benötigen. Die Einzelfallhilfe steht bei uns ganz im Vordergrund. Dafür erhalten wir Spenden, dafür engagieren sich unsere Mitglieder, darum arbeiten unsere Mitarbeiter ehrenamtlich bei uns. Aber wir suchen auch den Kontakt zur Wissenschaft und hören auf deren Rat.

Wir haben Grundlagenforschung zur Psychologie des Stalking (TU Darmstadt) und zur Prävalenz des Stalking (ZI Mannheim) unterstützt, letzteres von der Forschungsgruppe, die auch dieses Manual verantwortet. Diese Grundlagenforschung hatte große Bedeutung für die Wahrnehmung von Stalking in Deutschland. Durch sie wurde die Grundlage dafür geschaffen, dass Gesetzgeber und Praxis sich auf das Problem richtig einstellen konnten.

Wir sind sehr froh, dass daraus mittlerweile eine anwendungsorientierte Forschung erwachsen ist. Das vorliegende Manual ist das Ergebnis eines Forschungsprozesses, der sich eng an den Bedürfnissen der Stalking-Opfer orientierte und auch die Belange der beratenden und behandelnden Akteure einbezog. Von Anfang an gefiel uns der Ansatz, bei dem Beratungs- und Behandlungsangebot für die Stalking-Opfer vom bestehenden Hilfesystem auszugehen, an das sich auch das Manual vornehmlich richtet.

Mit seiner modularen Ausgestaltung ermöglicht das Manual, auf ganz verschiedene Anforderungen, die sich aus der Situation des Stalking-Opfers ergeben, einzugehen. Für eine Erstberatung steht ein differenzierter Gesprächsleitfaden zur Verfügung, der auch schwierige Themen wie die false-victim-Problematik nicht ausklammert; für die Vermittlung von Verhaltensstrategien werden Hintergrundinformationen ebenso zur Verfügung gestellt wie praktische Infoblätter. Die Module für die psychotherapeutische Unterstützung sind angereichert mit zahlreichen Beispielen und Arbeitsmaterialien. Die Erkenntnis der Forscher, dass hier in relativ kurzen Zeiträumen viel zu bewegen ist, wird konsequent umgesetzt. Dies trägt den Bedürfnissen der Opfer Rechnung, aber auch den Arbeitsbedingungen der Beratenden und Betreuenden mit ihren engen Zeitbudgets.

Mit dem vorliegenden Manual wird ein hervorragendes Instrument zur Hilfe für die Betroffenen zur Verfügung gestellt. Der WEISSE RING hat Opfern von Stalking mit dem Faltblatt «Belästigt – Verfolgt – Bedroht» schon in der Vergangenheit Informationen und Hilfen zum Thema Stalking angeboten. Von diesem Faltblatt verteilen wir gut 25 000 Stück pro Jahr, was zeigt, wie groß das Informationsinteresse ist. Das Faltblatt enthält Ratschläge zum Selbstschutz und Hinweise auf Hilfsmöglichkeiten. Das war und ist auch heute noch wichtig, gab und gibt es doch für Stalking-Opfer viele Gründe, das Erlebte nicht anzuzeigen, es in sich zu verschließen, keine Hilfe zu bekommen. Wenn sie sich dazu entschließen, wird die gewährte Unterstützung dank des Manuals an fachlicher Qualität gewinnen.

Wir wünschen den Opfern von Stalking, dass das vorliegende Manual mit dieser Zielsetzung gelesen und genutzt wird.

Wir wünschen Ihnen, den Nutzern dieses Manuals, viel Erfolg bei der Anwendung und ermutigen Sie dazu, bei der Suche nach sinnvoller Ergänzung der Beratung und psychotherapeutischen Unterstützung von Stalking-Opfern mit Ihrer örtlichen Außenstelle des WEISSEN RINGS Kontakt aufzunehmen. Der WEISSE RING verfügt über eine breite Palette von Hilfsmöglichkeiten, die im Einzelfall für eine solche Ergänzung in Betracht kommen.

Professor Dr. Reinhard Böttcher
Bundesvorsitzender
WEISSER RING e.V.

Einleitung

Stalking stellt für viele Betroffene eine chronische Stresssituation dar, der sie sich nur sehr schwer entziehen können. Studien, die die Folgen von Stalking bei den Opfern untersuchten, zeigen, dass die Betroffenen oft erhebliche gesundheitliche Beeinträchtigungen aufweisen und im Vergleich zu nicht-gestalkten Personen stärker psychisch beeinträchtigt sind und signifikant häufiger Symptome einer posttraumatischen Belastungsstörung, Depression, generalisierten Angststörung und von somatoformen Störungen entwickeln.

Viele der bisher publizierten Studien betonen, dass spezielle Hilfsangebote für Stalking-Opfer unzureichend sind und die Betroffenen mit ihrer Problematik oft alleine gelassen werden. In Anbetracht der Häufigkeit von Stalking ist dies eine unbefriedigende Situation.

Dieses Manual will einen Beitrag dazu leisten, die Beratung und Betreuung für Stalking-Opfer zu verbessern.

Ziel dieses Manuals ist es, Informationsmaterial bereit zu stellen, um Stalking-Opfer qualifiziert zu beraten und im Umgang mit Stalking psychotherapeutisch zu unterstützen. Das Manual richtet sich an Personen, die im psychosozialen Bereich beratend bzw. therapeutisch tätig sind und mit Stalking-Opfern als Klienten in Kontakt kommen, insbesondere PsychologInnen, PädagogInnen, SozialpädagogInnen, SozialarbeiterInnen und ÄrztInnen.

Das Manual basiert auf den Erfahrungen des Zentralinstituts für Seelische Gesundheit aus drei Jahren Arbeit mit Betroffenen: der Einzelberatung von Stalking-Opfern im Rahmen der «Stalkingsprechstunde» und einem psychotherapeutisch fundierten Gruppenprogramm für Betroffene, das im Rahmen eines vom Weissen Ring geförderten Forschungsprojekts implementiert und evaluiert wurde. Dieses Pilotprojekt zielte darauf ab, den Betroffenen zu ermöglichen ihr Stressniveau zu senken, förderliche Verhaltensweisen im Umgang mit dem Stalker zu erarbeiten, ihre Handlungsspielräume zu erweitern und die Kontrolle über ihre Situation zurück zu gewinnen (Gallas, Bindeballe, Gass & Dressing, 2009).

Das Manual gliedert sich in einen beraterischen und einen psychotherapeutischen Teil. Die Einteilung richtet sich nach dem Ausmaß an psychotherapeutischen Grundkenntnissen und dem Zeitumfang, der für die Betreuung von Betroffenen zur Verfügung steht. Im Unterschied zum zweiten Teil des Manuals, «Therapeutische Unterstützung», ist für den Teil «Beratung» keine psychotherapeutische Ausbildung erforderlich. Die Erstberatung, zu der auch das Fallmanagement (Abschätzung des Hilfebedarfs, Risikoeinschätzung, zu treffende Maßnahmen, Weitervermittlung) gehört, kann auch von Berufsgruppen, die mit Stalking-Betroffenen in Kontakt kommen, jedoch keine psychotherapeutische Qualifikation haben, durchgeführt werden. Die Erstberatung sollte als Basismodul bei allen Betroffenen zur Anwendung kommen und je nach Komplexität des Stalkingfalls und Aufwand für das Fallmanagement ein bis zwei Sitzungen (à 50 Minuten) beanspruchen.

Betroffene, die Hilfe im Umgang mit ihrer problematischen Situation suchen, wenden sich in der Regel zunächst an psychosoziale Beratungsstellen (z. B. Interventionsstellen, Beratungsstellen für Ehe-, Familien- und Lebensfragen etc.), deren finanzielle und damit auch personelle Kapazitäten begrenzt sind. Viele der Einrichtungen haben ein Beratungskontingent von ein bis drei Kontakten pro Klientin[3]. Diese begrenzte Stundenzahl reicht nicht aus, um eine psychotherapeutische Unterstützung für die Stalking-Opfer zu leisten. Eine strukturierte Beratung ist allerdings auch in dieser begrenzten Zeit möglich. Hierzu stellt der erste Teil des Manuals einen Beratungsleitfaden zur Verfügung.

Die im Teil «Therapeutische Unterstützung» erläuterten Interventionen bauen auf dem ersten Teil des Manuals, «Beratung», auf. Der Teil «Therapeutische Unterstützung» ist in verschiedene Module gegliedert, die in der Einzelberatung nach individuellem Bedarf der Klientin einzeln oder komplett eingesetzt werden können.

Grundsätzlich gilt, dass die Inhalte der unterschiedlichen Module nicht zwingend in der angegebenen Reihenfolge und in ihrem jeweiligen Aufbau angewendet werden müssen, sondern variiert werden können. Die Module sind inhaltlich größtenteils miteinander verwoben, so dass es auch sinnvoll sein kann, zwischen den Modulen zu springen, z. B. im Rahmen der Stressimpfung dysfunktionale Kognitionen zu bearbeiten.

3 Da die Mehrzahl der Stalking-Opfer Frauen sind und die Mehrzahl der Täter männlich, wird zugunsten der Lesbarkeit auf die Nennung des jeweils anderen Geschlechts verzichtet, weshalb im Folgenden von «der Klientin» und «dem Täter» die Rede sein wird. Selbstverständlich gibt es auch weibliche Täterinnen und männliche Opfer. Ebenso wird im Folgenden von Beraterin/Therapeutin die Rede sein, da in der Beratung von Stalking-Opfern mehrheitlich Frauen tätig sind.

Als Voraussetzungen zur Arbeit mit dem Manual werden empfohlen

- Kenntnis der Thematik Stalking: Informationen sind im Kapitel «Stalking: Einführung in die Thematik» (S.17ff) in diesem Manual zu finden. Literaturempfehlungen sind im Literaturverzeichnis unter «Literatur zur Einführung in das Thema Stalking» (S.146) aufgelistet.
- Beruflicher Hintergrund als Beraterin oder Therapeutin[3]: Sowohl für die Beratung als auch die therapeutische Unterstützung sollten Kompetenzen in Gesprächsführung und im Umgang mit psychisch belasteten Menschen vorhanden sein. Wie bereits erwähnt ist eine therapeutische Ausbildung für die Durchführung des Teils «Therapeutische Unterstützung» empfehlenswert.
- Idealerweise praktische Erfahrung im Umgang mit Stalking-Opfern.

Was leistet das Manual nicht?

Die im vorliegenden Manual beschriebenen Interventionen setzen gezielt am Umgang mit Stalking und den damit verbundenen Problemen an; sie ersetzen nicht die Behandlung manifester psychischer Störungen. Psychische Störungen von Stalking-Opfern sind nach den gängigen psychopharmakologischen und psychotherapeutischen Richtlinien zu behandeln und Betroffene in fachärztliche und/oder psychotherapeutische Behandlung zu vermitteln.

Die Module des Manuals im Überblick

	Modul	Inhalt	Arbeitsmaterial (im Anhang)
		Stalking: Einführung in die Thematik	
		Teil I: Beratung	
Seite 45	**Erstberatung**	**Ist-Analyse** • Erfassung der Stalkingsituation • Risikoeinschätzung • Einschätzung der psychosozialen Beeinträchtigung • Umgang mit «falschen Opfern».	(A1) Gesprächsleitfaden Erstberatung (A2) Fragebogen zum Wohlbefinden (WHO-5).
		Fallmanagement • Einleitung weiterer Maßnahmen.	(A5) Infoblatt «Rechtlicher Schutz gegen Stalking».
Seite 57	**Verhaltensstrategien im Umgang mit Stalking**	• Wie lernt der Stalker? (Prinzip der Operanten Konditionierung) • Günstige Verhaltensweisen im Umgang mit Stalking (Vermittlung der Anti-Stalking-Regeln) • Verhaltensstrategien bei gemeinsamen Kindern, bei Stalking im beruflichen Kontext und bei Cyberstalking.	(A3) Infoblatt «Anti-Stalking-Regeln» (A7) Infoblatt «Wie lernt der Stalker?» (A4) Infoblatt «Maßnahmen bei Cyberstalking».
		Teil II: Therapeutische Unterstützung	
		Formale Aspekte • Zeitrahmen, Materialien, Berater-/Therapeutenverhalten, Ausschlusskriterien • Durchführung der Interventionen im Gruppensetting.	
Seite 75	**Erste Sitzung**	• Klärung von Erwartungen und Zielen • Entlastung, von Schuld freisprechen • Selbstbeobachtung: Wie reagiere ich auf «typische» Stalking-Vorfälle?	(A6) «Stalkingtagebuch».
Seite 85	**Günstiges und ungünstiges Verhalten**	• Wie lernt der Stalker? (Vertiefung des Lernprinzips der Operanten Konditionierung aus der Erstberatung) • Verhaltensanalyse: Welches Verhalten ist für mich günstig? • Sicherheitsmaßnahmen: welche sind nützlich/einschränkend/gefährlich?	(A8) Arbeitsblatt: «Für mich günstige und ungünstige Verhaltensweisen».
Seite 99	**Bewältigung belastender Stalking-Situationen**	• Rollenspiele • Stressimpfungstraining.	(A9a) Infoblatt «Stressimpfung», (A9b) Arbeitsblatt «Stressimpfung».

Modul	Inhalt	Arbeitsmaterial (im Anhang)	
Bearbeitung dysfunktionaler Gedanken	• Dysfunktionale «Stalking-Gedanken» identifizieren • Hinterfragen durch Methoden der kognitiven Umstrukturierung • Funktionale Kognitionen formulieren und in den Alltag implementieren • Übungen zur Unterbrechung belastender, kreisender Gedanken.	(A10) Infoblatt «Gedanken hinterfragen» (A11) Imaginationsübungen zur Unterbrechung kreisender Gedanken.	Seite 109
Umgang mit belastenden Emotionen	• Bewältigungsmöglichkeiten für überschießende Emotionen • Hilfestellungen zum Umgang mit anhaltenden belastenden Gefühlen • Umgang mit Ambivalenz gegenüber dem Stalker.	(A12) Atemübungen, Kurzentspannung.	Seite 119
Selbstkonzept/ Opferrolle	• Unterscheidung zwischen gegebener Situation, die zum Opfer macht und dem sich Begeben in eine Opfer-Rolle.		Seite 133
Aufbau angenehmer Aktivitäten	• Aktivitätssteigerung • Ressourcenaktivierung.	(A13) Liste angenehmer Aktivitäten.	Seite 133
Abschlusssitzung	• Wie schaffe ich es das was ich mir erarbeitet habe dauerhaft beizubehalten? • Wie schütze ich mich davor wieder Opfer eines Stalkers zu werden?		Seite 141

Hinweis: Ein Modul ist nicht mit einer Sitzung gleichzusetzen, da die Module unterschiedlich viel Zeit in Anspruch nehmen können. Bei einer geringen Teilnehmerzahl einer Gruppe oder im Einzelsetting kann z. B. neben der «Ersten Sitzung» auch der erste Teil des Moduls «Günstiges und ungünstiges Verhalten» («Wie lernt der Stalker?») Inhalt der ersten Sitzung sein. Für das Modul «Bewältigung belastender Stalking-Situationen» hingegen empfiehlt es sich, (mindestens) zwei Sitzungen anzuberaumen: eine für die Rollenspiele, eine für das Stressimpfungstraining. Die Module «Bearbeitung dysfunktionaler Gedanken», «Selbstkonzept/Opferrolle» und «Aufbau angenehmer Aktivitäten» beanspruchen i. d. R. je eine Sitzung.

Stalking: Einführung in die Thematik

1. Definition von Stalking

Der Begriff «Stalking» stammt aus der Jägersprache und bedeutet wörtlich übersetzt **«auf die Pirsch gehen»**. Damit veranschaulicht der Begriff die für Stalking charakteristischen wiederholten Versuche des Stalkers, auf sehr unterschiedliche Art und Weise gegen den Willen des Opfers Kontakt aufzunehmen.

Es existieren unterschiedliche Definitionen von Stalking, wobei bislang keine allgemein akzeptiert ist. Ältere Definitionen sehen Stalking als das beabsichtigte, böswillige und wiederholte Verfolgen und Belästigen einer Person, das deren Sicherheit bedroht (Meloy, 1998) oder als Verhaltensmuster, bei dem der Stalker das Opfer immer wieder mit unerwünschten Kontaktaufnahmen belästigt (Pathé und Mullen, 1997). Dreßing und Gass (2002) definieren **Stalking als ein Verhaltensmuster, bei dem der Stalker einen anderen Menschen verfolgt und belästigt, häufig auch bedroht, unter Umständen auch körperlich attackiert und in seltenen Fällen sogar tötet. Das Opfer fühlt sich durch diese Verhaltensweisen bedrängt und in Angst versetzt.**

Unterschiede zwischen den Definitionen ergeben sich vor allem bezüglich der Häufigkeit und Dauer, die zur Annahme von Stalking vorliegen muss, und ob beim Opfer Angst ausgelöst wird. Einige weit gefasste Definitionen gehen schon von einem Stalkingfall aus, wenn mehr als zwei unerwünschte Kontaktaufnahmen stattgefunden haben. Andere Definitionen fordern, dass das Stalkingverhalten über einen bestimmten Zeitraum andauern muss, z. B. mehr als zwei Wochen (Purcell, Pathé & Mullen, 2002) oder länger als vier Wochen (Blaauw, Winkel, Arensman, Sheridan & Freeve, 2002).

In der vom Zentralinstitut für Seelische Gesundheit durchgeführten Studie zur Prävalenz von Stalking in Deutschland («Mannheim-Studie») wurde Stalking dann angenommen, wenn mindestens zwei Stalking-Verhaltensweisen vorlagen, mehrere unerwünschte Kontaktaufnahmen stattgefunden hatten, die Mindestdauer zwei Wochen betrug und das Opfer Angst empfunden hat (Dreßing, Kühner & Gass, 2005a).

Auch wenn sich einzelne Definitionen hinsichtlich der geforderten Häufigkeit, Dauer und Qualität der Stalking-Verhaltensweisen unterscheiden, ist es in der Praxis meist relativ eindeutig zu bestimmen, ob es sich um einen Stalkingfall handelt oder nicht. Insofern sind die unterschiedlichen Stalkingdefinitionen für die Praxis eher von untergeordneter Bedeutung.

Es gibt viele unterschiedliche Verhaltensweisen, mit denen Stalker versuchen, ihr Opfer zu verfolgen und zu bedrohen. Am häufigsten kommen die folgenden Methoden zum Einsatz (Mullen, Pathé, Purcell & Stuart, 1999, Kamphuis & Emmelkamp, 2000, Dreßing et al., 2005a):

- Telefonanrufe
- Briefe, Faxe, E-Mails, SMS
- Verfolgen, Auflauern, in der Nähe herumtreiben
- Zusendung von Geschenken (z. B. Blumen, Bücher, Süßigkeiten), aber auch makabere oder ekelerregende Sendungen (z. B. tote Tiere oder Exkremente)
- Bestellungen im Auftrag des Opfers
- Beschädigung von Eigentum (z. B. Zerstechen von Autoreifen, Zerkratzen des Pkws, Beschmieren der Hauswände), Hausfriedensbruch
- Drohungen
- Körperverletzung, aggressive Gewalthandlungen, sexuelle Nötigung
- Kontaktaufnahme über Dritte (hier bedienen sich Stalker bei der Verfolgung und Belästigung der Hilfe anderer Personen, wie z. B. Freunde oder Angehörige des Stalkers oder des Opfers, die meist nichts von den wahren Motiven des Stalkers wissen)

Die meisten Opfer sind gleichzeitig mehreren Stalking-Verhaltensweisen ausgesetzt. Studien zeigen, dass Stalker durchschnittlich drei bis sechs verschiedene Methoden anwenden (Blaauw, Winkel, Arensman, Sheridan & Freve, 2002, Mullen, Pathé, Purcell & Stuart, 1999).

In der bereits erwähnten Mannheim-Studie berichteten Betroffene eine **durchschnittliche Anzahl von fünf verschiedenen Arten der Belästigung** (Dreßing et al., 2005a).

2. Häufigkeit von Stalking

In der Mannheimer Epidemiologischen Studie wurde die Verbreitung von Stalking in der Allgemeinbevölkerung systematisch untersucht, indem 2000 Personen aus der Einwohnermeldedatei der Stadt Mannheim nach repräsentativen Kriterien ausgewählt und postalisch befragt wurden. In dieser Studie fanden sich Häufigkeiten, die denen aus angelsächsischen Studien sehr ähnlich sind: **11,6 % der Befragten gaben an, mindestens einmal in ihrem Leben Opfer eines Stalkers gewesen zu sein** und erfüllten die oben genannten Definitionskriterien (mehrere unerwünschte Kontaktaufnahmen, mindestens zwei verschiedene Stalking-Verhaltensweisen, Mindestdauer zwei Wochen, Angst bei den Betroffenen). Unter den Stalking-Opfern waren 87,2 % Frauen und 12,8 % Männer (Dreßing et al., 2005a). Damit waren insgesamt **17,3 % der befragten Frauen und 3,7 % der Männer mindestens einmal im Leben von Stalking betroffen** gewesen.

Die Ergebnisse dieser deutschen Studie sind vergleichbar mit den Ergebnissen internationaler Studien: In den USA zeigte sich eine Lebenszeitprävalenz von 8 % bis 12 % bei Frauen und 2 % bis 4 % bei Männern (Tjaden & Thoennes, 1998). In einer Untersuchung in Großbritannien waren 16,1 % der Frauen und 6,8 % der Männer mindestens einmal im Leben Opfer von Stalking (Budd & Mattinson, 2000). Je nach Breite der Definition ergaben sich in Australien Prävalenzraten von 14,9 % bis 32,4 % bei Frauen und 6,1 % bis 12,8 % bei Männern (Purcell, Pathé & Mullen, 2002). Unterschiede in den Prävalenzraten sind vor allem auf Unterschiede in den Kriterien (Dauer, Häufigkeit der Belästigung) bei der Definition von Stalking zurückzuführen (s. o.).

Als gemeinsames Ergebnis der bisher durchgeführten Untersuchungen ist festzuhalten, dass **Stalking ein in Industrienationen weit verbreitetes Phänomen** ist.

3 Dauer von Stalking

Im Hinblick auf die Dauer des Stalking ergeben sich im internationalen Vergleich unterschiedliche Ergebnisse, wobei ihnen gemeinsam ist, dass sich die Verfolgung meist über einen langen Zeitraum hinzieht. Eine Meta-Analyse von Spitzberg und Cupach (2007) ergab eine **durchschnittliche Dauer von 22 Monaten**. Eine ähnliche durchschnittliche Dauer zeigte sich in Australien (Pathé & Mullen, 1997). Holländische Studien berichten eine Stalking-Dauer von durchschnittlich 33 Monaten (Blaauw, Winkel et al., 2002), 38 Monaten (Kamphuis & Emmelkamp, 2001) bis hin zu 48 Monaten (Blaauw, Sheridan & Winkel, 2002). In einer in den USA durchgeführten Studie fand sich sogar eine mittlere Dauer der Verfolgung von mehr als fünf Jahren (Hall, 1998).

In der Darmstädter Opferstudie, bei der 551 Betroffene und 98 Täter einen Online-Fragebogen im Internet beantworteten, lag die durchschnittliche Dauer bei ca. 28 Monaten (Voß, Hoffmann & Wondrak, 2005). In der Mannheim-Studie, die an einer Bevölkerungsstichprobe durchgeführt wurde, wurden fast **25 % der Betroffenen länger als ein Jahr verfolgt** (Dreßing et al., 2005a).

Auch wenn die durchschnittliche Dauer der Belästigung über die verschiedenen Studien hinweg stark variiert – was z. B. mit unterschiedlich selektierten Stichproben zusammenhängen kann – zeigen die Ergebnisse, dass Stalking für viele Betroffene eine **lang andauernde, chronische Stresssituation** darstellt.

4. Abgrenzung des Begriffs Stalking von ähnlichen Phänomenen

Stalking und Nachbarschaftskonflikte. Auf den ersten Blick kann es schwierig sein, Stalking durch einen Nachbarn von einem Nachbarschaftskonflikt, der nicht die Kriterien für Stalking erfüllt, zu differenzieren, wie das folgende Fallbeispiel verdeutlicht.

■ Fallbeispiel

Ein arbeitsloser Mann lebt in einem Mehrfamilienhaus und berichtet, von einem Nachbarn gestalkt zu werden. Der Nachbar habe schon mehrfach bei ihm angerufen und sich unflätig bei ihm wegen seiner angeblich zu lauten Musik beschwert und ihm Zettel in den Briefkasten geworfen, auf denen er droht, ihn bei der Polizei wegen Ruhestörung anzuzeigen. Wenn er seinem Nachbarn im Treppenhaus begegnet, werde er von ihm beschimpft («Du Sozialschmarotzer»). Außerdem würde ihn der Nachbar bei den anderen Hausbewohnern verleumden (z. B. dass er ein Messie sei, seine Miete nicht zahle usw.). Der Klient sagt, er würde auf die Belästigungen des Nachbarn nicht reagieren, überlege aber, ihn nun endlich wegen Beleidigung oder Stalking anzuzeigen um sich zu wehren.

In der ausführlichen Exploration stellt sich heraus, dass der Klient die vorgeschriebenen Ruhezeiten zwar beachtet, außerhalb der Ruhezeiten jedoch stundenlang Musik bei maximaler Lautstärke hört. Die Freundin des Klienten würde sich außerdem häufig lautstarke Wortgefechte mit dem Nachbarn im Treppenhaus liefern und habe sich bereits mehrmals bei der Hausverwaltung darüber beschwert, dass der Nachbar seinen Kehrwochendienst nicht ordnungsgemäß wahrnehmen würde.

Während im ersten Abschnitt des Fallbeispiels Stalking durchaus in Erwägung zu ziehen ist, zeigt sich im zweiten Abschnitt, dass es sich hier um einen Konflikt mit gegenseitigen Angriffen handelt. Da Stalking durch **einseitige Kontaktaufnahmeversuche und Belästigungen** charakterisiert ist, ist Stalking nicht gegeben, wenn beide Parteien am Fortbestehen der Feindseligkeiten beteiligt sind.

Grundsätzlich kann ein Nachbarschaftsstreit dann zu einem Stalkingfall werden, wenn eine Partei den Streit beilegen möchte oder ein Rechtsstreit zugunsten einer Partei entschieden wurde, die andere Partei jedoch, z. B. aus Rachemotiven heraus, wiederholt belästigt, bedroht oder verleumdet, ohne dass von der anderen Seite eben solche Verhaltensweisen gezeigt werden.

Selbstverständlich ist es auch möglich, dass eine Person ohne einen vorangegangenen Konflikt von einem Nachbarn/einer Nachbarin gestalkt wird.

Stalking und häusliche Gewalt. Stalkingähnliches Verhalten (Kontrollieren, häufige Anrufe, Drohungen, Verfolgen, Nötigung etc.) kann auch innerhalb einer Beziehung gezeigt werden. Solange sich das Opfer jedoch nicht von seinem Partner trennt, fällt das Verhalten des Täters in den Bereich häusliche Gewalt. Von Stalking sollte erst dann gesprochen werden, wenn das Opfer mindestens einen Versuch unternommen hat, sich von seinem Partner zu trennen. Manche Betroffene kehren unter dem Druck des Partners, der die Trennung nicht akzeptiert bzw. nicht ermöglicht, noch einmal oder auch mehrere Male zu ihm zurück, bis sie eine Trennung vollziehen. Ein solches «ambivalentes Verhalten» der Betroffenen stellt den Tatbestand des Stalking jedoch nicht infrage.

In Fällen von Ex-Partner-Stalking findet sich häufig eine Vorgeschichte von häuslicher Gewalt während der Beziehung, was als Risikofaktor für körperliche Gewalttätigkeit im Verlauf des Stalking gilt.

Stalking und Mobbing/Bullying/Bossing/Staffing. Mobbing bezeichnet ein Verhaltensmuster, das am Arbeitsplatz, in der Schule (hier auch «Bullying» genannt) oder an Ausbildungsplätzen – **ausschließlich im beruflichen oder im Ausbildungskontext** – stattfindet und bei dem eine Person meist von kleineren Gruppen, manchmal auch von einer Einzelperson, fortgesetzt geärgert und schikaniert wird. Erfolgt die Schikane von Seiten eines Vorgesetzten, spricht man auch von «Bossing». Geht die Schikane von Mitarbeitern gleicher oder unterer Rangfolge aus, wird auch der Begriff «Staffing» verwendet. Da sich Stalking-Verhaltensweisen grundsätzlich auf die gesamte Lebensführung des Opfers beziehen, kann auch der Arbeitsbereich betroffen sein, womit sich die Begriffe Stalking und Mobbing manchmal überlappen. Sobald der Täter jedoch auch außerhalb des Arbeitsplatzes in die Privatsphäre des Opfers eingreift, kann von Stalking ausgegangen werden.

5. Risikofaktoren für Stalkingviktimisierung

Grundsätzlich kann jeder Mensch unabhängig von der sozialen Schicht und individuellen Persönlichkeitsstruktur Opfer eines Stalkers werden. Es gibt jedoch einige Charakteristika, die mit einem höheren Risiko verbunden sind, Stalking-Opfer zu werden. So sind z. B. 75 % der Opfer **weiblichen Geschlechts** (Spitzberg, 2002).

Im Vergleich zur Allgemeinbevölkerung sind Stalking-Opfer **häufiger Singles** und leben alleine oder sie haben eine Beziehung zu ihrem Stalker beendet (Tjaden & Thoennes, 1998; Hall, 1998).

Auch Menschen, die in **exponierten Berufen** arbeiten, haben ein erhöhtes Risiko, Opfer eines Stalkers zu werden (Sheridan, Davies & Boon, 2001). Das gilt für Stars und Politiker, aber auch für Personen, die **beruflich mit Menschen in engeren Kontakt kommen**, wie z. B. Krankenschwestern, Ärzte, Psychologen, Professoren, Lehrer und Journalisten (Dreßing, Martini, Witthöft, Bailer & Gass, 2007).

Eine Studie von Dreßing, Scheuble und Gass (2006) zeigte, dass in einer Stichprobe stationär oder teilstationär psychiatrisch behandelter Patienten der Anteil an Stalking-Betroffenen doppelt so hoch war wie in der Allgemeinbevölkerung: **21,3 % der psychiatrischen Patienten waren mindestens einmal in ihrem Leben von Stalking betroffen.** Da sich bei der Mehrzahl der Stalking-Opfer in dieser Untersuchung die psychiatrische Erkrankung manifestiert hatte, bevor das Stalking begann, kann davon ausgegangen werden, dass Menschen mit psychischen Erkrankungen häufiger Opfer von Stalking werden. Dieses Ergebnis ist konform mit der Erkenntnis aus der Opfer-Forschung, dass eine psychische Erkrankung das allgemeine Risiko erhöht, Opfer von Verbrechen zu werden. Zudem war in der untersuchten psychiatrischen Population auffällig, dass annähernd gleich viele Männer wie Frauen Opfer von Stalking waren, was ebenfalls dafür sprechen könnte, dass eine psychische Erkrankung einen unabhängigen Risikofaktor dafür darstellt, Stalking-Opfer zu werden.

In der Mannheimer bevölkerungsrepräsentativen Studie zeigte sich, dass Stalking-Opfer häufiger als nicht von Stalking betroffene Personen **dependente Persönlichkeitszüge** berichten (Dreßing et al., 2005b). Personen mit dependenten Persönlichkeitszügen neigen dazu, ihre Bedürfnisse denen anderer Menschen unterzuordnen. Sie haben möglicherweise Schwierigkeiten, einen konsequenten Kontaktabbruch zu vollziehen und verhalten sich eher selbstunsicher. Bei solchen Klientinnen gilt es, in der Stalkingberatung auf die Wahrnehmung und Durchsetzung eigener Bedürfnisse zu fokussieren und damit eine Erhöhung der Selbstwirksamkeit zu erreichen.

Generell sollten KlientInnen mit psychischen Störungen, seien es Persönlichkeitsstörungen oder Achse-I-Störungen wie z. B. Depression oder Angsterkrankung, zusätzlich zu der Stalkingberatung zu einer ambulanten Psychotherapie motiviert werden.

6. Charakteristika von Stalkern und Tätertypologien

Den «typischen Stalker» gibt es nach gegenwärtigem Kenntnisstand nicht. Stalker kommen aus allen sozialen Schichten und Altersgruppen. Es gibt sowohl weibliche als auch männliche Stalker, wobei die männlichen Stalker deutlich überwiegen: **Etwa 80 % der Stalker sind Männer**, die meisten zwischen 30 und 40 Jahre alt (Spitzberg, 2002). Das Durchschnittsalter ist also im Vergleich zu anderen Straftätern eher höher.

In 80 % der Fälle ist der Stalker dem Opfer bekannt (Spitzberg & Cupach, 2007). Über alle Studien hinweg findet sich als häufigste Konstellation das **Ex-Partner-Stalking**, das ca. die Hälfte aller Stalkingfälle ausmacht (Spitzberg & Cupach, 2007).

In einer Studie von Mullen, Pathé, Purcell und Stuart (1999) fand sich unter 145 Stalkern, die psychiatrisch begutachtet wurden, ein hohes Ausmaß an Persönlichkeitsstörungen. Am häufigsten fanden sich dissoziale, narzisstische und Borderline-Persönlichkeitsstörungen. Dabei ist zu beachten, dass die untersuchte Stichprobe keineswegs repräsentativ für die Gruppe der Stalker ist, da ausschließlich Personen untersucht wurden, bei denen ein Verdacht auf eine psychiatrische Erkrankung bestand und daher eine psychiatrische Begutachtung veranlasst worden war.

Typische Stalking-Verhaltensweisen sind **auch bei Kindern und Jugendlichen** beschrieben worden, die denen von erwachsenen Stalkern ähneln (McCann, 2000). Eine aktuelle Studie untersuchte Unterschiede im Stalking-Verhalten zwischen Kindern, Jugendlichen und Erwachsenen und kam zu dem Ergebnis, dass stalkende Jugendliche eher noch aggressiver vorgehen als Erwachsene. Im Unterschied zu erwachsenen Stalkern ist die Motivation bei Jugendlichen und Kindern weniger häufig auf positive Gefühle (z. B. Verliebtheit) gegenüber dem Opfer zurückzuführen (nur bei etwa 2 %), sondern eher auf negative Motive wie Schikane und Vergeltung. Häufig ist sie die Reaktion auf eine erfahrene Ablehnung oder eine vermeintliche Ungerechtigkeit (Purcell, Moller, Flower & Mullen, 2009).

Nach derzeitigem Kenntnisstand ist davon auszugehen, dass es eine **kleine Gruppe von Stalkern** gibt, die psychiatrisch erheblich erkrankt ist und bei der das **Stalking-Verhalten** auch **Ausdruck ihrer psychischen Erkrankung** ist. Die weitaus größere Gruppe von Stalkern ist zwar meist uneinsichtig im Hinblick auf ihr Fehlverhalten, dies ist aber nicht mit einer psychischen Störung gleichzusetzen. Auch psychische Auffälligkeit (z. B. hinsichtlich der Persönlichkeit) bedeutet nicht, dass sie für ihr Verhalten nicht strafrechtlich verantwortlich gemacht werden könnten. Eine Verhaltensänderung bei dieser Gruppe ist weniger von einer zwangsweisen psychiatrischen Behandlung zu erwarten, sondern eher von einer frühzeitigen und empfindlichen Strafe durch das Rechtssystem (Dreßing & Gass, 2008).

Es wurden verschiedene Versuche unternommen, **Stalker nach bestimmten Kriterien zu typologisieren.** Das Ziel solcher Klassifikationen ist es, Aussagen über den Verlauf, die Gefährlichkeit und Interventionsmöglichkeiten bei bestimmten Gruppen von Stalkern machen zu können.

Sehr verbreitet ist die von Mullen und Kollegen (1999) vorgeschlagene Typologie (vgl. Tab. 1).

Der «*zurückgewiesene Stalker*» kann das Ende einer Beziehung nicht akzeptieren und versucht immer wieder durch Kontaktaufnahme und Belästigungen die Beziehung wiederherzustellen, oder aber er ist durch das Verlassenwordensein gekränkt und möchte die ehemalige Partnerin nicht freigeben. In diese Kategorie fällt das sog. Ex-Partner-Stalking.

Der «*Liebe suchende Stalker*» wünscht sich eine Beziehung zu seinem Opfer. In allen möglichen Formen teilt er seine Liebesbekundungen mit und Ablehnung seitens der «Angebeteten» wird vom Stalker fehl- bzw. uminterpretiert. Diese Form des Stalkings bezieht sich zumeist auf dem Täter fremde Personen, die in vielen Fällen auch im Fokus der Öffentlichkeit stehen (z. B. Star aus der Showbranche, Politiker etc.). Hier findet man den klassischen Fall des sog. «celebrity stalking».

Ein weiterer Typus ist der «*inkompetente Stalker*», der durch geringe intellektuelle Kompetenz und geringe soziale Fertigkeiten gekennzeichnet ist. Er wählt das Stalking, um sich einer Frau anzunähern, da er über mangelnde Fähigkeiten verfügt, Kontakt herzustellen bzw. eine Beziehung aufzubauen. Dieser Stalker-Typus wird zwar als lästig für das Opfer, aber als weniger gefährlich eingeschätzt.

Der «*Rache suchende Stalker*» möchte seinem Opfer in jeder erdenklichen Weise Schaden zufügen, zumeist um damit ihm (vermeintlich) widerfahrenes Unrecht zu vergelten. Besonders im beruflichen Kontext findet diese Form des Stalkings statt, z. B. gegenüber Ärzten, Therapeuten, Lehrern oder Anwälten.

Tabelle 1: Stalker-Typologie nach Mullen et al. (1999).

- der zurückgewiesene Stalker («rejected stalker»)
- der Liebe suchende Stalker («intimacy seeking stalker»)
- der inkompetente Stalker («incompetent stalker»)
- der Rache suchende Stalker («resentful stalker»)
- der beutelüsterne Stalker («predatory stalker»)

Bei dem *«beutelüsternen Stalker»* («predatory stalker») handelt es sich im eigentlichen Sinne um einen Sexualtäter, der jedoch im Vorfeld eines sexuellen Übergriffs Stalkingverhalten zeigt.

Die Täter-Typisierung von Mullen et al. (1999) muss allerdings kritisch betrachtet werden, da die Gruppen in dieser Form wenig empirische Bestätigung fanden und die Einteilung für die Begutachtungspraxis und zu Prognosezwecken zu wenig ausdifferenziert ist.

Spitzberg und Cupach (2007) listen in ihrer Überblicksarbeit 24 verschiedene Täter-Typologien auf und betonen, dass alle auf drei Dimensionen (Art der vorhandenen Störung, Art der Täter-Opfer-Beziehung und Motivation des Stalkers) zurückgeführt werden können.

Diese drei Dimensionen berücksichtigt auch die von Dreßing und Gass (2008) vorgeschlagene Klassifikation, die auf Erfahrungen aus der forensischen Begutachtungspraxis basiert (vgl. Tab. 2).

Die *erste Ebene (Psychopathologie)* unterscheidet zwischen psychotischen und nicht-psychotischen Stalkern und ist im Hinblick auf strafrechtliche Verantwortlichkeit, Therapie und Prognose besonders wichtig. Stalking kann im Kontext von wahnhaften Störungen oder schizophrenen Psychosen auftreten. Zudem kann es im Rahmen einer Manie zu Stalkingverhaltensweisen kommen. Diese Tätergruppe gehört eindeutig in den Kompetenzbereich der Psychiatrie, es handelt sich um einen behandlungsbedürftigen Stalker. Bei der forensisch-psychiatrischen

Tabelle 2: Klassifikation nach Dreßing und Gass (2008)

Ebene 1:	**Psychopathologie**
	a) Psychotischer Stalker
	b) Psychopathologische Entwicklung
	c) Stalker ohne krankheitswertige psychische Störung
Ebene 2:	**Beziehung zwischen Stalker und Opfer**
	a) Intimpartner
	b) Person des öffentlichen Lebens
	c) Andere Beziehungskonstellation (beruflich, Nachbar, Bekannter, Fremder)
Ebene 3:	**Motivation für Stalking**
	a) Positiv: Liebe, Versöhnung, Beziehung
	b) Negativ: Hass, Rache, Wut

Begutachtung ist i. d. R. von einer aufgehobenen Schuldfähigkeit auszugehen, wenn die Untersuchung ergibt, dass die Psychose zum Tatzeitpunkt bestanden hat und das Stalkingverhalten durch die psychotische Symptomatik determiniert wurde. Der Anteil psychotischer Stalker an allen Stalkingfällen ist aber insgesamt als sehr gering einzuschätzen.

In allen anderen Fällen sollte eine gründliche psychopathologische Untersuchung erfolgen, um eine mögliche Einschränkung der Schuldfähigkeit zu prüfen. Dies kann der Fall sein, wenn das Stalkingverhalten im Sinne einer psychopathologischen Entwicklung zwanghaft und ichdyston (das Stalkingverhalten ist für den Stalker selbst lästig, er leidet darunter, kann sich dagegen jedoch nicht wehren) anmutet und somit an eine Zwangsstörung erinnert.

Bei der größten Gruppe der Täter liegt jedoch keine krankheitswertige psychiatrische Störung vor und der Stalker ist somit in der Verantwortlichkeit für sein Handeln nicht beeinträchtigt, womit von einer voll erhaltenen Schuldfähigkeit auszugehen ist.

Auf der *zweiten Ebene* erfolgt die Klassifikation nach der Beziehung zwischen Opfer und Täter, wobei hier drei Gruppen besonders im Hinblick auf die Prognose für potenziell gewalttätiges Verhalten des Stalkers bedeutsam sind:

1. Fremdes Opfer
2. Opfer ist Bekannte(r)
3. Opfer ist ehemalige(r) Intimpartner/in.

Am häufigsten ist beim Ex-Partner-Stalking mit gewalttätiger Eskalation zu rechnen. Ein höheres Risiko für gewalttätiges Verhalten gegenüber fremden Opfern ist dann anzunehmen, wenn der Stalker psychotisch ist oder über sexuell obszöne telefonische Belästigungen einen sexuellen Übergriff vorbereitet.

Auf der *dritten Ebene* erfolgt die Unterscheidung nach der Motivlage des Stalkers (positiv, z. B. Beziehung, Versöhnung, Liebe oder negativ, z. B. Rache, Wut, Hass). So lange positive Gefühle gegenüber dem Stalking-Opfer dominieren, ist eine konkrete Gefahr für Leib und Leben des Opfers eher unwahrscheinlich. Allerdings können dritte Personen in diesem Fall gefährdet sein, etwa wenn der Stalker an einem Liebeswahn leidet und seine aggressiven Gefühle gegen den Partner seines Stalking-Opfers richtet. In der wahnhaft verzerrten Sichtweise des Stalkers kann dann z. B. die Tötung des Partners des Stalking-Opfers das letzte Hindernis beseitigen, das der vermeintlich gemeinsamen Liebe noch im Wege steht. Sofern negative Gefühle der Wut und des Hasses beim Stalker dominieren, ist auch eine reale Gefahr für Leib und Leben des Stalking-Opfers möglich.

7. Erklärungsansätze zur Entstehung und Aufrechterhaltung von Stalking

Ein vor bereits mehr als 100 Jahren beschriebenes psychiatrisches Krankheitsbild wird auch heute noch in Verbindung mit Stalking immer wieder angeführt. Die **Erotomanie** bzw. der **Liebeswahn** wird sowohl im ICD-10 (F22.0) als auch im Diagnostischen und Statistischen Manual für psychische Störungen (DSM-IV; American Psychiatric Association, 2000) unter wahnhaften Störungen geführt. Das vorrangige Wahnthema der betroffenen Person ist, eine im sozialen Status meist höher als sie selbst gestellte Person liebe sie, und sie müsse deshalb den Kontakt zu dieser Person suchen. Falls die Liebe nicht von vorneherein existiert, so muss nur heftig genug um die andere Person geworben werden, damit diese die Liebe erwidert.

Man unterscheidet zwischen «érotomanie pure», auch **«De-Clérambault-Syndrom»** genannt, die dem isolierten Liebeswahn entspricht, und «érotomanie symptomatique». Bei Letzterer existiert eine andere psychotische Grundkrankheit, meist eine paranoide Schizophrenie.

Mehrere Studien untersuchten dieses Krankheitsbild im Zusammenhang mit Stalking und kamen zu dem Ergebnis, dass **nur eine kleine Minderheit der Stalking-Fälle auf Liebeswahn zurückzuführen ist** (Kienlen, Birmingham, Solberg, O'Regan & Meloy, 1997; Zona et al., 1993, 1998).

Erklärungsmodelle für die Entwicklung von Stalking-Verhalten beziehen sich überwiegend auf psychodynamische Theorien. Diese Erklärungsansätze werden im Folgenden kurz erläutert.

Als Kerngedanke der **Bindungstheorie** gilt der Aufbau einer stabilen und gesicherten emotionalen Beziehung des Kindes zu seiner Bezugsperson (Ainsworth, 1989; Bowlby, 1969, 1980). Die in der Kindheit erworbene Bindungsqualität wird auf spätere Beziehungen übertragen. Ist die Entwicklung defizitär, so folgen gestörte soziale Beziehungen oder sogar die Unfähigkeit, eine längere Partnerbeziehung aufzubauen.

Im Fall von Stalking werden z. B. Ärger- und Wutreaktionen des Stalkers nach einer Zurückweisung durch das Opfer vor dem Hintergrund eines negativen Selbstbildes infolge krankhafter Bindungsmuster gesehen. Die Reaktionen des Stalkers sind dabei umso stärker, je mehr Nähe er sucht und je heftiger die Abwehrreaktion des Opfers ausfällt. Somit soll ein gestörtes Bindungsverhalten, das in der frühen Kindheit erlernt wird, eine Prädisposition für Stalking im Erwachsenenalter zur Folge haben. Des Weiteren wird angenommen, dass Stalking-Verhalten dann ausgelöst wird, wenn dem Stalker Ereignisse widerfahren, die ihn an in der Kindheit erlebte psychische Verletzungen erinnern (Hoffmann & Voß, 2006).

Die **Objektbeziehungstheorie** geht davon aus, dass ein Kind in der frühen Kindheit eine stabile Vorstellung über sich selbst gewinnt, und dass sich eine Repräsentation der zentralen Bezugsperson (meist der Mutter) als verlässlich und vertrauenswürdig verfestigt. Aus einer solchen Repräsentation entsteht die Fähigkeit, unabhängig von der Anwesenheit der Bezugsperson effektvoll und kompetent zu handeln. Entsteht diese Repräsentation der Bezugsperson nicht oder nur defizitär, können Abwehrreaktionen, Abwertung und aggressive Zurückweisung die Folge sein. Lernt das Kind nicht, ambivalente Gefühle gegenüber der Bezugsperson zu akzeptieren und eine optimale Distanz herzustellen, so folgt laut Dutton und Golant (1995) im späteren Alter eine Unfähigkeit, mit Alleinsein und Trennung umzugehen – ein Phänomen, das häufig bei Ex-Partner-Stalking vorzuliegen scheint (Hoffmann & Voß, 2006).

Auch psychoanalytische Theorien der **narzisstischen Persönlichkeitsstörung** (Kernberg, 1975; Kohut, 1973a) werden mit Stalking in Verbindung gebracht.

Meloy (1999) geht wie das Modell, das sich auf die Bindungstheorie stützt, davon aus, dass bei Stalkern eine Bindungspathologie vorliegt, die schon in der frühen Kindheit deutlich wird. Durch Verlusterfahrungen in der Vergangenheit können aktuell negative Verhaltensweisen ausgelöst werden. Zur Erklärung des Stalking-Verhaltens wird ein Prozessmodell mit sechs Stufen vorgeschlagen (Meloy, 1999): Zunächst wird eine narzisstische Vereinigung des Täters mit dem Opfer in der Phantasie angenommen, verstärkt durch die Idealisierung des Opfers (1). Darauf folgende Annährungsversuche werden durch das Opfer jedoch abgelehnt (2); es entsteht narzisstische Kränkung bzw. Scham (3). Um die Scham abzuwehren entwickelt der Täter narzisstische Wut (vgl. Kohut, 1973b) (4). Er wertet das Opfer ab, möchte es verletzen und zerstören (5). Daraufhin kann die narzisstische Phantasie wiederhergestellt werden, da keine Realität diese mehr stört (6).

Dieses Modell bietet einen Ansatz, um die häufig widersprüchlichen und oft auch wechselnden Motive von Stalkern zu erklären, die den Äußerungen gegenüber den Opfern zu entnehmen sind (z. B. überschwängliche Liebesbekundungen an das Opfer als seine Traumfrau, gefolgt von Beschimpfungen, Beleidigungen, Drohungen usw.).

Bezüglich der Erklärungsansätze für Stalking-Verhalten besteht allerdings noch großer Forschungsbedarf. Empirische Überprüfungen der verschiedenen Theorien an großen unselektierten Stichproben von Stalkern stehen noch aus bzw. sind im Fall von Theorien, die sich auf frühkindliche erworbene Bindungsdefizite stützen, wohl kaum methodisch zu realisieren.

7.1 Aufrechterhaltung des Stalking-Verhaltens durch Operante Konditionierung

Um zu erklären, wie Stalking über einen langen Zeitraum andauert, obwohl der Stalker meist sein Ziel (z. B. Aufnahme oder Wiederherstellung einer Beziehung) nicht erreicht, wurde das Lernprinzip der Operanten Konditionierung auf Stalking-Verhalten angewendet (Westrup 1998). Dieses Lernprinzip besagt, dass Verhalten dann gelernt wird, wenn eine für die betreffende Person positive Konsequenz folgt («Verstärkung», Skinner 1938). Findet keine Verstärkung mehr statt, so sinkt die Auftretenswahrscheinlichkeit des Verhaltens ab, bis es schließlich nicht mehr gezeigt («gelöscht») wird. Wird ein Verhalten unregelmäßig – also intermittierend – verstärkt, wird es besonders hartnäckig gelernt und dadurch löschungsresistenter. Im Fall von Stalking wird das Verhalten des Täters immer dann verstärkt, wenn das Opfer Kontaktaufnahmeversuche des Täters erwidert. Je unregelmäßiger das Opfer auf den Täter eingeht, desto mehr wird dessen Verhalten gefestigt, was zu einer langen Dauer der Belästigung mit beitragen kann.

Da hier die Betroffenen die Aufrechterhaltung des Stalking-Verhaltens mit beeinflussen können, werden das Prinzip der Operanten Konditionierung, dessen Übertragung auf Stalking und daraus ableitbare günstige Verhaltensweisen ausführlich im Beratungsteil (S. 57ff) thematisiert.

8. Psychosoziale Auswirkungen von Stalking

8.1 Gesundheitliche Konsequenzen

Stalking ist angesichts der meist recht langen Dauer der Belästigung für die Betroffenen als chronische Stresssituation anzusehen. Die Stalking-Verhaltensweisen treten für die Opfer meist sehr unvermittelt auf. Dadurch befinden sie sich nach kurzer Zeit in erhöhter Alarmbereitschaft: Um bei Bedarf schnell reagieren zu können, ist das Bewusstsein überwachsam auf Gefahrenreize in der Umgebung konzentriert und der Körper befindet sich unter ständiger Anspannung. In diesem Stress-Zustand können körperliche und seelische Krankheitszustände leichter ausgelöst und aufrechterhalten werden.

Nur wenige Studien haben bisher die Auswirkungen von Stalking auf das körperliche und psychische Befinden der Betroffenen untersucht.

In der Mannheimer Studie nannten 56,8 % der Betroffenen als Auswirkungen des Stalkings verstärkte Unruhe, 43,6 % gaben Angstsymptome, 41 % Schlafstörungen, 34,6 % Magenschmerzen, 28,2 % Depression, 14,1 % Kopfschmerzen und 11,5 % Panikattacken als Folgen von Stalking an. Ebenfalls zeigte sich, dass das psychische Befinden, erfasst mit dem WHO-5 Well Being Index (Bech, 2004), bei Stalking-Opfern signifikant schlechter war als bei Vergleichspersonen, die noch nie von Stalking betroffen waren. Knapp ein Fünftel war zeitweise als Folge von Stalking krank geschrieben (Dreßing et al., 2005b).

Auch andere Studien zeigten psychische und körperliche Beeinträchtigungen bei Stalking-Opfern, insbesondere Schlafstörungen, erhöhte Ängstlichkeit, innere Unruhe, Kopfschmerzen und Magen-Darm-Beschwerden (z. B. Mullen & Pathé, 1994, Voß et al., 2005). In der Internet-Fragebogenuntersuchung im Rahmen der Darmstädter Opferstudie gaben nur 2 % der Befragten an, dass die Belästigung zu keinerlei gesundheitlichen Auswirkungen geführt habe (Voß, Hoffmann & Wondrak, 2005).

Einige Studien untersuchten Symptome der posttraumatischen Belastungsstörung bei Stalking-Opfern. Obwohl die posttraumatische Belastungsstörung typischerweise nur durch schwere traumatische Situationen wie z. B. das Erleben von Naturkatastrophen, schweren Unfällen oder Gewaltverbrechen ausgelöst wird, können auch bestimmte Verhaltensweisen des Stalkers bei den Opfern diese schwere psychische Störung auslösen. Dies kann soweit gehen, dass z. B. das Klingeln des Telefons beim Opfer eine massive Panikreaktion auslöst und die Betroffenen aus ihrer Angst heraus nicht mehr fähig sind, das Telefon zu benutzen. Andere Opfer verlassen aus Angst vor einem Zusammentreffen mit ihrem Verfolger nicht mehr alleine ihre Wohnung. In einer australischen Studie wiesen 37 % der Stalking-Opfer Anzeichen einer posttraumatischen Belastungsstörung auf (Mullen & Pathé, 1994). In einer holländischen Studie war das Ausmaß an traumabezogenen Stresssymptomen bei Stalking-Opfern vergleichbar mit dem von Patienten, die unter posttraumatischen Belastungsstörungen leiden (Kamphuis & Emmelkamp, 2001).

In der Mannheimer Bevölkerungsstichprobe wurden Stalking-Opfer und Personen, die niemals von Stalking betroffen waren, mit Hilfe des Patient Health Questionnaire (PHQ-D, Löwe et al., 2002) hinsichtlich der Häufigkeit psychischer Störungen verglichen. Dabei ergaben sich bei 50 % der Stalking-Opfer und 21,9 % der Nicht-Betroffenen Hinweise für eine psychische Erkrankung. Das Risiko, an Depression zu leiden, war für Stalking-Opfer fünfmal höher als für Nicht-Betroffene. Signifikant höher lag auch das Risiko für eine Panikstörung, generalisierte Angststörung und Somatisierungsstörung (Kühner, Gass & Dreßing, 2007).

Insgesamt verdeutlichen die Studienergebnisse, dass viele Stalking-Opfer unter erheblichen gesundheitlichen Problemen leiden.

8.2 Soziale und ökonomische Konsequenzen

Stalking wirkt sich häufig auch auf die **persönlichen Beziehungen** der Betroffenen aus. So gaben 38,5 % der Betroffenen in der Mannheimer Studie an, als Folge des Stalkings auch gegenüber anderen Menschen misstrauischer zu sein (Dreßing et al., 2005). Betroffene berichten, soziale Aktivitäten zu vermeiden, sich stärker zurückzuziehen und z. B. seltener auszugehen. Stalking kann **gravierende Auswirkungen auf die Lebensgestaltung** der Opfer haben. Im Extremfall sehen die Betroffenen keine andere Wahl, als Wohnort, Freunde und Arbeitsplatz zu verlassen und an einem weit entfernten Ort in der Anonymität einen neuen Anfang zu versuchen, in der Hoffnung, dass der Stalker sie dort nicht findet. Solche extremen Maßnahmen sind zwar eher selten, die meisten Betroffenen nehmen aber in irgendeiner Form Änderungen in ihrem Alltagsleben vor, als Versuch, dadurch den Belästigungen zu entkommen oder sich sicherer zu fühlen.

In der Mannheimer Studie gaben 32 % der Befragten an, ihre Telefonnummer gewechselt zu haben, 17 % hatten zusätzliche Sicherheitsmaßnahmen ergriffen (z. B. neues Sicherheitsschloss, Mitführen von Reizgas). Bei einigen Betroffenen kam es zu einschneidenden Lebensveränderungen mit Wohnungswechsel (17 %) und Arbeitsplatzwechsel (5 %). Dagegen wurde externe Hilfe eher selten gesucht. Nur 20 % erstatteten eine Anzeige bei der Polizei, obwohl es sogar zu tätlichen oder sexuellen Übergriffen gekommen war, 12 % konsultierten einen Rechtsanwalt. 24 % der Opfer suchten Hilfe bei Therapeuten (Dreßing et al., 2005b).

Darüber hinaus kann Stalking bei den Betroffenen auch zu erheblichen **wirtschaftlichen Problemen** führen. Die Betroffenen geben z. B. Geld für Sicherheitsmaßnahmen (Sicherheitsschloss, Wachdienst, Überwachungskamera) aus oder müssen Reparaturkosten für Eigentum, das durch den Stalker beschädigt oder zerstört wurde, tragen. Tätigt der Stalker auf Rechnung seines Opfers Bestellungen, ist die Rücksendung der Waren mit einem entsprechenden Kosten- und Zeitaufwand verbunden. Weitere Kosten entstehen durch zivil- oder strafrechtliche Verfahren (Anwalts- und Gerichtskosten). Krankschreibung bei gesundheitlichen Problemen kann zu einem Einkommensverlust bis hin zum Verlust des Arbeitsplatzes führen.

Stalking führt demnach bei vielen Betroffenen zu erheblichen wirtschaftlichen und sozialen Folgeproblemen. Doch Kosten entstehen durch Stalking nicht nur den einzelnen Betroffenen, sondern auch der Gesellschaft: Einer Schätzung zufolge entstehen in den USA der Allgemeinheit jährlich 1278 Millionen Dollar an Kosten als direkte Folge von Stalking (Ressourcen von Polizei und Justiz, Behandlungskosten, Produktionsausfall wegen Arbeitsunfähigkeit usw., Center for Disease Control and Prevention, 2003). Basierend auf dieser Untersuchung und bezogen auf die hiesigen Prävalenzzahlen ist für Deutschland von **gesundheitsökonomischen Kosten verursacht durch Stalking von 340 Millionen Euro im Jahr** auszugehen (Dreßing & Gass, 2007).

8.3 Auswirkungen auf die Kinder

Die Auswirkungen von Ex-Partner-Stalking auf die (gemeinsamen) Kinder wurden bisher empirisch kaum untersucht. In ihrer Dissertation «Ex-Partner Stalking im Kontext familienrechtlicher Auseinandersetzungen» stellt Stadler (2009) qualitative Ergebnisse aus Interviews mit neun Stalking-Betroffenen (acht Frauen und ein Mann) und 20 ExpertInnen aus neun unterschiedlichen Professionen (z. B. Rechtsanwälte für Familienrecht, Familienrichterinnen, Staatsanwältin, psychologische Sachverständige, Mitarbeiterinnen des Jugendamts und des Kinderschutzbunds) vor.

Aus den Interviews ergaben sich folgende häufig auftretende **Formen des Einbezugs der Kinder in das Stalking-Verhalten**:

- Kinder werden als Informant und Nachrichtenübermittler missbraucht, indem sie vom Stalker über aktuelle Aktivitäten und Pläne der Mutter, deren Beziehungsstatus und evtl. neue Partner ausgefragt werden.
- Kinder werden durch Aufforderungen, während des Besuchskontaktes die Mutter anzurufen, als Kontaktmedium missbraucht.
- Es wird versucht, durch Bestechungen (z. B. übermäßige Geschenke, Versprechungen) oder dem Erzwingen von Mitleid die Kinder positiv für sich zu vereinnahmen.
- Das gestalkte Elternteil wird vom Stalker bei den Kindern diskreditiert, die Kinder werden durch Behauptungen und Verleumdungen über das andere Elternteil aufgehetzt und verstört.

- den Kindern wird direkt nachgestellt, indem sie z. B. wiederholt Anrufe im Kindergarten oder in der Schule erhalten oder entgegen der Absprache von dort abgeholt werden.
- Der Stalker droht mit der Entführung der Kinder.

Die befragten ExpertInnen bezeichneten das Verhalten des Stalkers als emotionale Gewalt und sehen auch das Miterleben der Belästigungen gegenüber der Mutter als eine Form der Kindesschädigung an. **Insgesamt sei bei Stalking weniger die körperliche, sondern die psychische Kindesmisshandlung kennzeichnend.** Physische Gewalt gegen das Kind oder Kindesentführungen würden nur in Ausnahmefällen eine Rolle spielen (Stadler, 2009).

Wie stark die Auswirkungen der Stalkingsituation im Einzelnen auf die Kinder sind, hänge von vielen unterschiedlichen Einflussfaktoren ab, wie z. B. psychische Erkrankungen der Eltern, Suizidversuche eines Elternteils und häusliche Gewalt in der Vorgeschichte. Aufgrund einer Vielzahl weiterer Einflussfaktoren sei eine eindeutige Zuordnung der Auswirkungen auf die Kinder auf *eine* Ursache (nämlich das Stalking) kaum möglich. Bei Kindern aus Stalking-Konflikten würden eine Vielzahl an Belastungen kumulieren, deren Beginn häufig schon vor Einsetzen der massiven Belästigungen anzusiedeln sei. Somit müsse das Stalking eher als zusätzliche Belastung und nicht als isolierter Risikofaktor bewertet werden.

Aus der Scheidungsforschung ist bekannt, dass das **größte Entwicklungs- und Somatisierungsrisiko für Kinder besteht, die auch nach der Trennung einem fortgesetzten elterlichen Konfliktniveau ausgesetzt sind** (Fthenakis, 1995, Walper & Gerhard, 2003). Somit kann ein anhaltender Stalkingkonflikt, der nach der Trennung einsetzt, als erhebliches Gefährdungspotenzial für das psychische Wohl und die Entwicklung der betroffenen Kinder gewertet werden.

9. Stalking als Straftatbestand

Wie in einigen anderen Ländern ist mittlerweile auch in Deutschland Stalking ein eigener Straftatbestand. Der Paragraf «Nachstellung» (§ 238) wurde 2007 in das Strafgesetzbuch aufgenommen (vgl. Tab. 3). Damit müssen nicht mehr, wie zuvor, andere im Rahmen von Stalking häufig auftretende Delikte (z. B. Bedrohung, Nötigung, Sachbeschädigung, Körperverletzung) herangezogen werden, um Stalker strafrechtlich zur Verantwortung zu ziehen.

Häufig befürchten Betroffene, das Einschalten der Polizei und die Anzeige des Stalkers würden den Stalker provozieren und zu einer Eskalation der Situation führen. Daher scheuen sich viele Stalking-Opfer, die Polizei einzuschalten und versuchen stattdessen, den Stalker durch Erklärungen, Besänftigungen oder das Einschalten von Freunden oder Familienmitgliedern dazu zu bringen, die Belästigungen einzustellen. Darauf sollte aber unbedingt verzichtet werden, da dies in der Regel eine Verstärkung für das Verhalten des Stalkers darstellt (vgl. Aufrechterhaltung durch Operante Konditionierung, S. 57ff).

Tabelle 3: § 238 StGB Nachstellung

(1) Wer einem Menschen unbefugt nachstellt, indem er beharrlich

1. seine räumliche Nähe aufsucht,
2. unter Verwendung von Telekommunikationsmitteln oder sonstigen Mitteln der Kommunikation oder über Dritte Kontakt zu ihm herzustellen versucht,
3. unter missbräuchlicher Verwendung von dessen personenbezogenen Daten Bestellungen von Waren oder Dienstleistungen für ihn aufgibt oder Dritte veranlasst, mit diesem Kontakt aufzunehmen,
4. ihn mit der Verletzung von Leben, körperlicher Unversehrtheit, Gesundheit oder Freiheit seiner selbst oder einer ihm nahe stehenden Person bedroht oder
5. eine andere vergleichbare Handlung vornimmt

und dadurch seine Lebensgestaltung schwerwiegend beeinträchtigt, wird mit Freiheitsstrafe bis zu drei Jahren oder mit Geldstrafe bestraft.

(2) Auf Freiheitsstrafe von drei Monaten bis zu fünf Jahren ist zu erkennen, wenn der Täter das Opfer, einen Angehörigen des Opfers oder eine andere dem Opfer nahe stehende Person durch die Tat in die Gefahr des Todes oder einer schweren Gesundheitsschädigung bringt.

(3) Verursacht der Täter durch die Tat den Tod des Opfers, eines Angehörigen des Opfers oder einer anderen dem Opfer nahe stehenden Person, so ist die Strafe Freiheitsstrafe von einem Jahr bis zu zehn Jahren.

(4) In den Fällen des Absatzes 1 wird die Tat nur auf Antrag verfolgt, es sei denn, dass die Strafverfolgungsbehörde wegen des besonderen öffentlichen Interesses an der Strafverfolgung ein Einschreiten von Amts wegen für geboten hält.

Zudem wird die Befürchtung, das Einschalten der Polizei würde zu einer Eskalation führen, durch Erfahrungen aus der Befragung von Stalking-Opfern nicht gestützt. Telefonische Nachbefragungen 6 bis 12 Monate nachdem die Betroffenen den Stalker bei der Polizei angezeigt hatten ergaben **in keinem Fall eine Eskalation infolge des Einschaltens der Polizei**. Vielmehr scheinen die polizeilichen Maßnahmen, insbesondere die **Gefährderansprache,** bei vielen Stalkern die gewünschte abschreckende Wirkung zu zeigen. So berichteten 67 % von 39 befragten Stalking-Opfern, dass der Stalker die Belästigung nach erfolgter Gefährderansprache eingestellt hatte (Schiefelbein, 2009). In einer anderen telefonischen Befragung von 40 Betroffenen wurde die Beendigung des Stalkings von knapp 50 % der Befragten auf die Erstattung einer **Anzeige bei der Polizei** zurück geführt (Hofmann, 2009). Die Untersuchung des weiteren Verlaufs von Stalking nach Erstatten einer Anzeige bzw. des Einsatzes polizeilicher Maßnahmen (Gefährderansprache) an größeren Stichproben steht jedoch noch aus.

10. Cyberstalking

10.1 Definition von Cyberstalking

Cyberstalking wird in den Medien derzeit intensiv diskutiert, die wissenschaftliche Datenbasis zu diesem Phänomen ist dagegen noch sehr spärlich. Auch werden verschiedene Begriffe wie «Cyberstalking», «Online-Mobbing», «Internet-Stalking», «Cyberbullying» u.Ä. verwendet, um Belästigungen, die über das Medium Internet stattfinden, zu bezeichnen.

Um einem inflationären Gebrauch des Begriffs «Cyberstalking» entgegen zu wirken, ist zunächst eine Begriffsbestimmung notwendig. Es wird daher folgende Definition vorgeschlagen: «**Cyberstalking bezeichnet die absichtliche, wiederholte und unerwünschte Kontaktaufnahme durch computerbasierte Kommunikationstechniken, oder die über diese Techniken stattfindende Verunglimpfung, Bloßstellung oder Bedrohung. Ein wesentliches Definitionskriterium ist darüber hinaus, dass diese Aktionen bei den Betroffenen Angst auslösen**» (Dressing, Klein, Bailer, Gass & Gallas, 2009, S. 834).

Diese Definition verdeutlicht, dass nicht jede Form der unerwünschten Kontaktaufnahme über das Internet bereits Cyberstalking darstellt. Der Begriff sollte also nur auf Fälle angewandt werden, bei denen die Betroffenen tatsächlich Angst empfinden. Die Begriffe Cybermobbing und Cyberbullying erscheinen auch weniger geeignet, da sich Mobbing vorrangig auf Vorgänge am Arbeitsplatz bezieht und Bullying weniger subtile Phänomene der Androhung oder Ausübung von körperlicher Gewalt umfasst, die bevorzugt unter Schülern stattfinden.

10.2 Methoden des Cyberstalking

Das Internet bietet vielfältige und perfide Möglichkeiten, um eine andere Person zu belästigen, zu bedrohen oder zu verleumden. Eine keineswegs vollständige Aufzählung möglicher Cyberstalkinghandlungen ist in Tabelle 4 (s. S. 38) aufgelistet. Bei entsprechenden technischen Kenntnissen des Stalkers erscheinen die Möglichkeiten des Cyberstalking nahezu unbegrenzt.

Die **häufigste Methode**, der sich Cyberstalker bedienen, scheint die **E-Mail-Kommunikation** zu sein. D'Ovidio und Doyle (2003) werteten anhand von Polizeiunterlagen des New York City Police Department alle Fälle aus, bei denen ein Computer für die Bedrohung oder Belästigung einer anderen Person benutzt wurde und berichten, dass an erster Stelle E-Mail (79 %) und an zweiter Stelle Instant Messenger (13 %) für die Belästigung des Opfers verwendet wurde. Bei einem Instant Messenger (z. B. Skype, ICQ, MSN) handelt es sich um eine Möglichkeit des Nachrichtensofortversandes über das Internet. Sobald ein Stalker die

Tabelle 4: Beispiele für Cyberstalking-Handlungen

- Versenden von E-Mails, z. B. mit bedrohlichem oder verleumderischen Inhalt
- Unerwünschte Kontaktaufnahme in sozialen Netzwerken (z. B. Facebook, Wer kennt Wen, StudiVZ)
- Nutzung der Online-Identität des Opfers, um an andere Personen oder Institutionen kompromittierende Nachrichten zu senden (z. B. per E-Mail, per Instant Messenger, in Foren oder Blogs)
- Unterbrechung der E-Mail-Kommunikation von Opfern durch Überflutung der E-Mail-Box
- Einschleusen von Virenprogrammen auf den Computer des Opfers
- Einrichten einer Homepage im Namen des Opfers
- Im Namen des Opfers Käufe oder Verkäufe im Internet tätigen
- Veröffentlichung (echter oder bearbeiteter) Bilder des Opfers auf einschlägigen Seiten (z. B. Porno-Seiten)
- Veröffentlichung von Inseraten mit der Angabe persönlicher Daten des Opfers, um Dritte für die Belästigung zu instrumentalisieren
- Ausspähen von Informationen über das Opfer im Internet durch Nutzung einer anderen Identität

Zugangsdaten des Opfers, z. B. in Form eines Spitznamens, unter dem das Opfer dort angemeldet ist, kennt, ist es ihm möglich, in Echtzeit mit diesem zu kommunizieren und in den meisten Fällen auch erkennen zu können, wann das Opfer «online», also erreichbar ist. Working to Halt Online Abuse (WHOA), eine Organisation, die sich die Bekämpfung von Online Belästigung zum Ziel gemacht hat, hat in ihrer Befragung aus dem Jahr 2008 festgestellt, dass in 36 % der dort erfassten Fälle die Belästigung via E-Mail stattfand. 11 % hatten angegeben, über Internetforen oder -Gruppen belästigt worden zu sein und 8 % gaben einen Instant Messenger als Methode der Belästigung an.

Im Vergleich zu Stalkingmethoden, bei denen Täter und Opfer persönlich aufeinander treffen, können die Täter bei Cyberstalking vom Opfer weit entfernt leben und ihre **Identität** bei entsprechenden IT-Kenntnissen erfolgreich **geheim halten**. Dadurch wird die strafrechtliche Verfolgung erschwert, was auch ein Grund dafür sein kann, dass sich der Täter von anfänglichem Stalking in der «realen Welt» oder der gleichzeitigen Belästigung durch mehrere Methoden (mit und ohne Nutzung computerbasierter Techniken) ausschließlich auf Methoden des Cyberstalking zurückzieht.

Eine weitere Besonderheit des Cyberstalking ist die Möglichkeit, **andere Menschen** auf einfache Weise **für die Belästigung, Bedrohung oder Verunglimpfung des Opfers zu instrumentalisieren.** Dies kann z. B. geschehen, indem unter Missbrauch der Identität des Opfers beleidigende oder provozierende Inhalte in Foren,

Blogs etc veröffentlicht werden, die entsprechende Reaktionen (erboste Nachrichten, Beleidigungen u. Ä.) Dritter an das ahnungslose Opfer nach sich ziehen. Werden Kontaktanzeigen in Singlebörsen oder sozialen Netzwerken geschaltet und dabei die Adresse und Telefonnummer des Opfers angeben, kann dies z. B. dazu führen, dass andere Personen zur Durchführung von Telefonterror missbraucht werden oder das Opfer zuhause aufsuchen. Dadurch kann zwar der Täter ausschließlich aus der Anonymität des Internet heraus agieren, mit seinen Aktionen jedoch massiv in das Leben des Opfers eingreifen und ihm signalisieren, dass es praktisch keinen sicheren Ort mehr gibt.

10.3 Prävalenz von Cyberstalking

Bezüglich der Auftretenshäufigkeit von Cyberstalking existieren noch **keine epidemiologischen Untersuchungen**. Im Folgenden werden die Ergebnisse einzelner Studien vorgestellt, die sich auf bestimmte Populationen beziehen (z. B. Schüler oder Studenten) und daher nicht auf die Allgemeinbevölkerung übertragen werden können. Zudem werden unterschiedliche Definitionen von Cyberstalking zugrunde gelegt bzw. Definitionsversuche unterbleiben, was die Vergleichbarkeit der Ergebnisse erschwert.

In einer Stichprobe von 339 Studenten in New Hampshire gaben 10 % der Befragten an, dass sie schon einmal im Internet belästigt, bedroht oder beleidigt worden seien, wobei nicht danach gefragt worden war, ob diese Kontaktaufnahmen Angst ausgelöst hatten (Finn, 2004).

Spitzberg und Hoobler (2002) fanden in einer Befragung von 235 College-Studenten einer amerikanischen Universität, dass ca. ein Drittel ungewollte, belästigende Kontaktaufnahmen über das Internet erfahren haben, wobei diese zum größten Teil übertriebene Zuneigungsbekundungen enthielten.

Alexy und Kollegen (2005) untersuchten eine Stichprobe von 756 Studenten, von denen ca. 25 % schon einmal von Stalking und wiederum davon 32 % von Cyberstalking betroffen gewesen waren.

Neben Studenten wurden auch Kinder und Jugendliche danach befragt, ob sie über das Internet belästigt worden waren: In einer Onlinebefragung berichteten 29 % der Jugendlichen (bis zum 21. Lebensjahr), dass sie schon einmal von so genanntem «online-bullying» betroffen waren, das als jede Form der Online-Belästigung oder Beleidigung definiert wurde. Ob diese Belästigungen wiederholt vorkamen oder bei den Betroffenen Angst auslösten, wurde nicht erfasst (Patchin & Hinduja, 2006).

Moessner (2007) untersuchte eine Gruppe von 13- bis 17-Jährigen, von denen 43 % von so genanntem «cyberbullying» betroffen waren. Cyberbullying wurde definiert als jede Form der Nutzung des Internets oder Telefons, um Nachrichten oder Bilder zu versenden, mit der Absicht, den Empfänger zu belästigen oder ihm zu schaden. Auch in dieser Studie wurde weder das Kriterium erfasst, ob die

Belästigungen beim Empfänger Angst ausgelöst haben, noch wie häufig diese aufgetreten waren.

Wolak, Mitchell und Finkelhor (2007) untersuchten die Häufigkeit von «online harassment», das sie als das Erhalten expliziter Bedrohungen über das Internet definierten, bei 10- bis 17-Jährigen und verwendeten damit eine deutlich restriktivere Definition. Im Jahr 2000 gaben 6 % und im Jahr 2005 9 % der Befragten an, dass sie schon einmal von dieser Art des «online harassment» betroffen waren. Von den Betroffenen berichteten aber nur etwa ein Viertel Angst oder andere psychische Symptome.

In der JIM-Studie (2008) wurden aus einer Grundgesamtheit von etwa 7 Millionen Jugendlichen im Alter von 12–19 Jahren in Telefon-Haushalten der Bundesrepublik Deutschland eine repräsentative Stichprobe von 1208 Personen zu ihrem Umgang mit Medien befragt. Auch hier wurde keine eindeutige Definition von Cyberstalking benutzt, dennoch kommen die Autoren zu dem Schluss: «Und besonders sorgenvoll muss es stimmen, wenn ein Viertel berichtet, dass im Freundeskreis schon einmal jemand von Mobbing in einer Community betroffen war.»(JIM-Studie 2008, S.56)

Zusammenfassend ist festzustellen, dass nur wenige empirische Daten zur Verbreitung von Cyberstalking vorliegen und die Studienergebnisse durch sehr unterschiedliche Einschluss- und Definitionskriterien sowie verschiedene Untersuchungsstichproben kaum miteinander verglichen werden können. Dies relativiert jedoch nicht die grundsätzliche Bedeutung der Problematik, zumal in Zeiten zunehmender Computer- und Internetnutzung davon auszugehen ist, dass sich diese Form des Stalkings weiter verbreiten wird.

10.4
Täter- und Opfermerkmale bei Cyberstalking

Da, wie bereits erwähnt, bevölkerungsrepräsentative Studien zu Cyberstalking nicht vorliegen und in bisherigen Studien uneinheitliche, meist sehr weit gefasste Definitionen verwendet werden, sind die berichteten Merkmale zu Opfern und Tätern von Cyberstalking ebenfalls mit Vorsicht zu interpretieren und lediglich als erste Hinweise zu sehen.

D'Ovidio und Doyle (2003) berichten in Fällen, in denen ein Computer benutzt wurde, um eine andere Person zu belästigen oder zu bedrohen, bei Betroffenen einen Frauenanteil von 52 %. Das Durchschnittsalter der Betroffenen lag bei 32 Jahren. Bei der Befragung der Organisation Working to Halt Online Abuse (WHOA) im Jahr 2008 waren 71 % der 234 Personen, die schon einmal Opfer von Online Belästigung geworden waren, Frauen. Das Durchschnittsalter lag bei ca. 35 Jahren und 45 % waren Singles. Von «Online harassment», das in der Studie von Wolak und Kollegen (2007) eher restriktiv als das Erhalten expliziter Bedrohungen über das Internet definiert worden war, waren in einer Stichprobe von 10- bis 17-Jährigen 48 % der Betroffenen weiblich. Während in der Befragung von Alexy und Kollegen (2005) unter den Betroffenen von Stalking mehr Frauen waren, fanden sich unter den von Cyberstalking betroffenen Personen signifikant mehr Männer.

Dies deutet darauf hin, dass es bei Opfern von Cyberstalking einen höheren Männeranteil geben könnte als bei Opfern von Stalking «in der realen Welt». Dabei muss jedoch beachtet werden, dass die berichteten Studien die Auswirkungen auf die Opfer, speziell das Vorliegen von Angst, im Unterschied zu den meisten Studien im Bereich Stalking nicht einbezogen haben.

Ebenso wie bei Stalking scheinen auch **bei Cyberstalking die meisten Täter dem Opfer bekannt** zu sein (wobei allerdings der Nachweis und die Überführung des Täters deutlich erschwert sind). In ihrer studentischen Untersuchungsstichprobe fanden Alexy et al. (2005), dass Cyberstalker mehrheitlich Kommilitonen oder Ex-Partner waren. In 57 % der von Working to Halt Online Abuse (WHOA) im Jahr 2008 erfassten Fälle ist dem Cyberstalking eine intime Beziehung zwischen Stalker und Opfer vorangegangen. Auch D'Ovidio und Doyle (2003) berichten, dass in den meisten der von ihnen erfassten Fälle von Cyberstalking eine Beziehung zwischen Opfer und Täter existiert hatte.

Bezüglich der Täter stellten D'Ovidio und Doyle (2003) in Übereinstimmung mit Erkenntnissen zu Stalking in der realen Welt fest, dass 80 % der Personen, die mit Hilfe eines Computers belästigt oder gedroht hatten, männlichen Geschlechts waren. In der 2008 befragten Stichprobe der WHOA waren 42 % der Täter männlich, wobei in 27 % der Fälle das Geschlecht der belästigenden Person unbekannt war.

10.5 Konsequenzen für die Beratungspraxis

Zum gegenwärtigen Zeitpunkt gibt es kaum empirisches Wissen über die Vergleichbarkeit von ausschließlichem Cyberstalking und Stalking in der realen Welt. Es wird angenommen, dass Cyberstalking sowohl dem Stalking in der realen Welt nachfolgen kann (Bocij & McFarlane, 2003), als auch umgekehrt Stalking in der realen Welt aus anfänglichem Cyberstalking entstehen kann (Alexy et al., 2005; Finn, 2004; Spitzberg & Hoobler, 2002). Darüber hinaus zeigen Untersuchungen, dass Methoden des Cyberstalking in vielen Stalkingfällen zum Instrumentarium des Täters – neben anderen Methoden – gehören (Dreßing, Kühner & Gass, 2005; Kamphuis, Emmelkamp & Bartak, 2003). **Cyberstalking scheint also sowohl als gesondertes Phänomen, als auch im Kontext von Stalking in der realen Welt aufzutreten.**

Es ist anzunehmen, dass Cyberstalking zu ähnlichen psychischen Symptomen führen kann wie dies von anderen Stalkingmethoden bekannt ist. Es ist auch davon auszugehen, dass Cyberstalking keineswegs ein Problem ist, das sich auf Schüler und Studenten beschränkt, sondern dass grundsätzlich jeder davon betroffen sein kann, der das Internet nutzt. Auch wenn die persönlichen Kenntnisse von Beraterinnen und Therapeutinnen hinsichtlich der vielfältigen Möglichkeiten moderner Internetkommunikation begrenzt sein mögen, ist anzunehmen, dass man in der Praxis zunehmend mit den vielfältigen Facetten von Cyberstalking konfrontiert wird. Grundlegende Kenntnisse der Problematik sowie Richtlinien für die Beratung sind daher wünschenswert. Hinweise auf Möglichkeiten, sich vor Cyberstalking zu schützen bzw. Cyberstalking zu begegnen, sind in *Teil I: Beratung* des Manuals (S. 65) sowie auf einem Informationsblatt im Anhang (Anhang A4) zu finden.

Angesichts der vielfältigen Missbrauchsmöglichkeiten webbasierter sozialer Netzwerke erscheint im Sinne der Prävention auch eine frühzeitige Schulung von Kindern und Jugendlichen im verantwortlichen Umgang mit den online Kommunikationsmöglichkeiten notwendig.

Teil I: Beratung

Als Grundlage für die Beratung von Stalking-Opfern dient der Gesprächsleitfaden «Erstberatung» (Anhang 1).

Auch wenn eine Intervention in einer Gruppe geplant ist, sollte immer ein Erstgespräch im Einzelkontakt zwischen Klientin und Beraterin geführt werden.

Ziele der Beratung:

1. Erfassung der Stalkingsituation
2. Risikoanalyse/Einschätzung der Gefährdung der Klientin
3. Einschätzung der psychosozialen Beeinträchtigung der Klientin
4. Ausschluss «falscher Opfer»
5. Fallmanagement (Empfehlung und ggf. Einleitung weiterer Maßnahmen)
6. Vermittlung von Verhaltensstrategien im Umgang mit Stalking («Anti-Stalking-Regeln»); hier werden auch Hinweise zum Umgang mit Stalking bei gemeinsamen Kindern und mit Stalking, das im beruflichen Kontext auftritt, gegeben sowie Maßnahmen gegen Cyberstalking dargestellt.

Im Folgenden werden die einzelnen Punkte, die in der Beratung berücksichtigt werden sollten, näher erläutert.

Ist-Analyse

1. Erfassung der Stalkingsituation

Zunächst gilt es, sich als Beraterin einen Überblick über die Situation zu verschaffen und die wichtigsten Informationen strukturiert zu erfragen. Informationen bezüglich der Stalkingsituation werden im Gesprächsleitfaden «Erstberatung» (Anhang 1) detailliert erfasst, so dass an dieser Stelle auf eine vollständige Auflistung der einzelnen Aspekte verzichtet wird.

Im Erstberatungsgespräch werden folgende zentrale Stalkingmerkmale erhoben:

- Angaben zur Beziehung zwischen Stalker und Opfer und zum Auslöser des Stalking.
- Stalkingverhaltensweisen (z. B. Telefonanrufe, SMS, Auflauern, Belästigung Dritter, Sachbeschädigung etc.).
  → die im Erstgesprächsleitfaden aufgelisteten Stalkingverhaltensweisen sollten alle erfragt werden.
- Dauer und Häufigkeit der Belästigungen.
- Verhalten des Opfers als Reaktion auf die Belästigungen.
  → Zunächst wird hier die Reaktion der Betroffenen auf den Stalker erfragt, z. B. ob dem Stalker klar und deutlich vermittelt wurde, dass kein weiterer Kontakt erwünscht ist, ob die Betroffenen noch manchmal mit dem Stalker sprechen oder ihn treffen. An dieser Stelle sollte bereits mit den Betroffenen besprochen werden, dass ein **konsequenter Kontaktabbruch** zum Stalker dringend erforderlich ist. Die dem zugrunde liegende lerntheoretisch fundierte Erklärung ist unter I. 6) *Vermittlung von Verhaltensstrategien im Umgang mit Stalking* (S. 57ff.) dargestellt.

2. Risikoeinschätzung

Bei der Betreuung von Stalking-Opfern muss immer auch die konkrete Gefährdung von Leib und Leben der betroffenen Opfer eingeschätzt werden. Darüber hinaus müssen eine potenzielle Gefährdung von Kindern des Stalking-Opfers sowie eine mögliche Gefährdung Dritter Personen bedacht werden.

Vor jeder Betreuung von Stalking-Opfern muss eine solche Gefährdungseinschätzung – gegebenenfalls in Kooperation mit der Polizei – vorgenommen werden. Da sich das Risiko für das Stalking-Opfer im Verlauf verändern kann, ist es bei einer längeren Betreuung von Betroffenen erforderlich, im Verlauf eine aktualisierte Risikoeinschätzung vorzunehmen.

Einschätzung der Gefährdung des Stalking-Opfers

Ein erhöhtes Risiko besteht insbesondere wenn

- Ex-Partner-Stalking vorliegt
- konkrete Drohungen gegenüber dem Opfer geäußert wurden
- Stalking aus Rachemotiven heraus erfolgt
- Hinweise für eine zunehmende psychische Einengung auf Seiten des Täters vorliegen (Täter verbringt immer mehr Zeit mit dem Stalking, andauernde gedankliche Beschäftigung mit dem Opfer, depressive Symptome beim Täter, Suizidäußerungen)
- eine kriminelle Vorgeschichte des Täters besteht
- Substanzmissbrauch des Täters vorliegt
- der Täter Waffen besitzt
- eine psychiatrische Erkrankung des Stalkers vorliegt.

Einschätzung der Gefährdung von Kindern

Wie bereits in der Einführung zum Thema Stalking beschrieben spielen physische Gewalt gegen das Kind oder Kindesentführungen nur in Ausnahmefällen eine Rolle (Stadler, 2009). Die Gefährdung von Kindern im Kontext von Ex-Partner-Stalking wurde bisher empirisch jedoch kaum untersucht. Insgesamt ist bei Stalking weniger die körperliche, sondern die psychische Kindesmisshandlung kennzeichnend.

Folgende Kriterien gelten als Risikofaktoren für die Anwendung von körperlicher Gewalt bei Kindern:

- Kinder werden für eigene Interessen des Stalkers instrumentalisiert
- Frühere Gewalt/Misshandlungen gegen die Kinder
- Zunahme der Gewalt gegen die Kinder
- Kinder wurden bei Gewaltanwendungen bereits verletzt
- Konkrete Drohungen, den Kindern etwas anzutun, u. U. verbunden mit der Drohung eines erweiterten Suizids
- Frühere Entführung der Kinder.

Gefährdung Dritter

Gelegentlich droht der Stalker mit aggressiven Angriffen auf Familienmitglieder oder Freunde des Opfers. Auch wenn schwere Körperverletzungen und Tötungsdelikte im Zusammenhang mit Stalking glücklicherweise selten sind, müssen Drohungen gegenüber den Betroffenen sowie ihren Freunden und Angehörigen grundsätzlich ernst genommen werden, da Untersuchungen zeigen, dass tatsächlich gewaltsamen Handlungen in etwa 80 % der Fälle entsprechende Drohungen vorausgehen (Mullen, Pathé, Purcell & Stuart, 1999).

Insbesondere bei einem Liebeswahn kann eine Gefährdung der Partnerin/des Partners der Person bestehen, in die der Stalker verliebt ist. In seinem Wahn geht der Stalker davon aus, dass die von ihm geliebte Person seine Liebe erwidert, sie jedoch nicht offen bekennen kann, weil es noch einen Partner gibt. Es kann das Bestreben des Stalkers sein, diesen Partner «aus dem Weg zu räumen», da der vermeintlichen Liebe dann nichts mehr im Wege steht.

Generell gilt bei der Risikoeinschätzung …

Die oben genannten Punkte können nur Hinweise für eine Gefährdungseinschätzung sein, die immer individuell zu erfolgen hat. Gegebenenfalls gibt es besondere Risiken, die zu bedenken sind (z. B. Zugang zu Waffen und unrechtmäßiger Gebrauch derselben in der Vergangenheit) oder Konstellationen, die trotz gegebener Risikofaktoren eine hinreichende Sicherheit des Opfers gewährleisten. Das Ausmaß der Gefährdung (hoch, mittel, gering) kann demnach nicht ausschließlich an der Anzahl der mit «ja» beantworteten Fragen zur Risikoeinschätzung im Gesprächsleitfaden «Erstberatung» festgemacht werden.

Konsequenzen aus der Risikoanalyse

Wird die Gefährdung eines Opfers als mittel bis hoch eingeschätzt, sollte in der Beratung und auch im Verlauf der therapeutischen Sitzungen besonders auf Sicherheitsmaßnahmen eingegangen werden (Wie kann ich mich schützen ohne mein Leben zu sehr einzuschränken?, Wie kann ich vorübergehende Einschränkungen besser verkraften? usw.). Bei allen Interventionen, insbesondere jedoch dem Modul «Aufbau angenehmer Aktivitäten» sollte der Sicherheitsaspekt mit bedacht werden. Allgemein gilt zwar, dass die Betroffenen ihr Leben aufgrund der Belästigungen so wenig wie möglich einschränken sollten. Wird das Risiko für einen gewaltsamen Übergriff durch den Stalker als mittel oder hoch eingeschätzt, hat die Sicherheit der Betroffenen absolute Priorität vor (vorübergehenden) Einschränkungen oder Änderungen in der Lebensgestaltung.

Folgende **Sicherheitsmaßnahmen** sind in allen Stalkingfällen zu empfehlen:

- wenn eine gerichtliche Verfügung beantragt wurde: die zuständige Polizeidienststelle darüber informieren, die Verfügung kopieren und immer mit sich führen
- Handy immer am Körper tragen, wichtige Nummern (Polizei, Freund/Freundin, Frauenhaus) einspeichern
- Bei einer Gefährdungssituation außerhalb der Wohnung: Umgehend einen belebten Ort (z. B. ein Kaufhaus) aufsuchen, Öffentlichkeit suchen, die Polizei informieren, gezielt einen Passanten ansprechen und diesen bitten, sie zur Polizei zu begleiten oder mit ihr zu warten, bis die Polizei vor Ort ist.

Folgende Sicherheitsmaßnahmen werden bei einer **hohen Gefährdung** eines Opfers empfohlen:

- Vermeiden, allein Spaziergänge an einsamen Orten zu «üblichen» Zeiten zu machen
- Die Betroffene sollte sich möglichst nach Hause begleiten bzw. von dort abholen lassen, insbesondere bei Dunkelheit
- Sicherheit der Wohnung überprüfen: Ist das Türschloss sicher? Nachbarn über die Gefährdungssituation informieren, so dass diese im Falle einer Bedrohungssituation einschreiten bzw. die Polizei rufen können
- Kinder instruieren, niemandem die Tür zu öffnen.
- Arbeitswege ändern, ggf. Arbeitszeiten tauschen
- Vorab von wichtigen Dokumenten Kopien machen (Geburtsurkunde, Pässe, Verdienstbescheinigungen, sonstige Papiere).

3.
Einschätzung der psychosozialen Beeinträchtigung

Anhand des Erstgesprächsleitfaden werden folgende psychosoziale Auswirkungen von Stalking erfragt:

- Empfindet die Betroffene **Angst**?
- Werden **Körperliche Probleme** im Zusammenhang mit Stalking beschrieben?
- Werden **Psychische Probleme** im Zusammenhang mit Stalking beschrieben?
  → Werden massive psychische Probleme beschrieben, sollte die Beraterin abklären, inwieweit die Betroffene fähig ist weiterhin ihren Alltag zu bewältigen (arbeiten, Versorgung der Kinder, Haushalt etc.). Wird deutlich, dass die Betroffene hierbei große Probleme hat, sollten geeignete Maßnahmen (z. B. eine stationäre Aufnahme, Unterstützung durch das Jugendamt, Sozialberatung o. Ä.) in Erwägung gezogen werden.

Für eine erste Einschätzung des Grads der psychischen Beeinträchtigung ist im Anhang (A2) der von der Weltgesundheitsorganisation entwickelte **Fragebogen zur Erfassung des Wohlbefindens WHO-5** (Well-Being Index, dt. Bech, 2004) zu finden. Er besteht aus fünf Items, die auf einer sechsstufigen Skala (von 0 = «zu keinem Zeitpunkt» bis 5 = «die ganze Zeit») beantwortet werden und sich auf das Ausmaß des Wohlbefindens in den letzten beiden Wochen beziehen:

Für den Gesamtwert werden die Antworten der fünf Items aufsummiert; ein Punktwert von 25 spricht für ein maximales, ein Wert von 0 für ein minimales Wohlbefinden. Bei einem Gesamtwert von unter 13 Punkten ist von einem eingeschränkten Wohlbefinden/psychischer Beeinträchtigung auszugehen. Bei einem Wert von 10 oder weniger sollte spezifisch überprüft werden, ob eine depressive Störung vorliegt.

- **Suizidalität**
  Zur Bestimmung des Suizidrisikos muss zunächst unterschieden werden zwischen passiven Todeswünschen («ich wünschte ich würde einschlafen und nicht wieder aufwachen»), die eine Vorstufe zur Suizidalität darstellen können und bei denen gezielt nachgefragt werden sollte, ob die Betroffene auch überlegt sich das Leben zu nehmen, und Suizidalität («ich denke zur Zeit immer wieder darüber nach, ob ich mit mir selbst Schluss machen soll»). Bei akuter Suizidalität, also dem aktuell präsenten Gedanken, sich das Leben zu nehmen, muss eingehend nachgefragt werden, ob bereits konkrete Pläne für einen Suizid bestehen (Methode, Zeitpunkt, Ort, Abschiedsbrief). Ist dies der Fall, ist die Eigengefährdung der Betroffenen hoch. Wichtig ist, bei geäußerten Suizidgedanken gezielt nachzufragen, ob die Betroffene sich selbst und der Beraterin zusichern kann, dass sie sich nichts antut bzw. garantieren kann, dass sie sich

Hilfe holen wird wenn die Suizidgedanken drängender werden (Absprachefähigkeit). Kann sie dies nicht, ist eine sofortige stationäre Aufnahme in einer psychiatrischen Klinik unerlässlich. Für diesen Fall sollte die Telefonnummer einer entsprechenden nahe gelegenen Einrichtung bereitgehalten werden.

- Wurde die Betroffene wegen Problemen im Zusammenhang mit Stalking bereits **krankgeschrieben** oder **ambulant bzw. stationär behandelt**?
- Traten **finanzielle Verluste** auf? Bestehen **aktuell finanzielle Probleme** die die Betroffene daran hindern Hilfe in Anspruch zu nehmen?
  → In diesem Fall kann an den Weißen Ring vermittelt werden. Hier können die Betroffenen bei Bedarf finanzielle Unterstützung für Gerichtsprozesse oder Anwaltskosten erhalten. Zudem können sich Betroffene hinsichtlich ihrer Opferrechte beraten lassen.

Besteht der Verdacht, dass das Opfer unter einer Traumatisierung leidet, ausgelöst z. B. durch sexuelle Übergriffe des Täters oder durch Gewalt in der Beziehung, sollte die Klientin ermutigt werden, sich in psychotherapeutische Behandlung zu begeben. Eine Traumatisierung des Opfers stellt jedoch keine Kontraindikation für das therapeutische Programm dieses Manuals dar. Die im Manual dargestellten psychotherapeutischen Interventionen dienen der Krisenintervention und haben v. a. die Stabilisierung und Stärkung des Opfers zum Ziel. Bei einer schweren Traumatisierung mit ausgeprägten Symptomen der Dissoziation ist jedoch zu einer stationären Behandlung im Vorfeld zu raten, da die Betroffene die beschriebenen Interventionen ansonsten vermutlich nicht aufnehmen und umsetzen kann.

4. Umgang mit «falschen Opfern»

Zunächst werden einige Hintergrundinformationen zum Thema der «falschen Stalking-Opfer», mit dem Fokus auf die Gruppe der an einer Psychose leidenden «falschen Opfer» gegeben, gefolgt von Vorschlägen zur Gesprächsführung und zum Fallmanagement.

Hintergrund

Wie bei allen Straftaten sind auch bei Stalking sog. «falsche Opfer» (false victims) anzutreffen. In einer Studie von Sheridan und Blaauw (2004) lag der Anteil an falschen Opfern in einer Stichprobe, die wegen Stalking Hilfe suchte, bei 11,5 %. Daher ist es notwendig, falsche Opfer rasch zu erkennen und ihnen bei Bedarf adäquate Hilfe zu vermitteln.

«Falsche Opfer» bei Stalking setzen sich aus folgenden Gruppen zusammen:

- Personen schildern Phänomene, die gewisse Ähnlichkeiten oder Überschneidungen mit Stalking aufweisen können, wobei es sich aber explizit nicht um Stalking handelt, z. B. Partnerschafts- oder Nachbarschaftskonflikte
- Menschen, die sich bewusst oder unbewusst in die Opferrolle begeben, z. B. weil sie Aufmerksamkeit und Zuwendung suchen – beispielsweise Personen mit histrionischer Persönlichkeitsstruktur (die übermäßig stark reagieren, z. B. bei wenigen «Falsch-Verbunden»-Anrufen innerhalb mehrerer Monate verzweifelt Hilfe wegen Stalking suchen)
- andere Motive, z. B. Rache oder materielle Interessen
- Stalker, die sich als Opfer ausgeben, um damit das Opfer zu schädigen (eine besonders perfide «Stalking-Strategie»!)
- Menschen mit psychotischen Erkrankungen: diese leiden in der Regel an einem Verfolgungswahn und interpretieren das wahnhafte Erleben als «Stalking».

Im Folgenden wird auf die letzte Gruppe – Menschen mit wahnhaften Störungen – näher eingegangen, da diese die größte Gruppe der «falschen Opfer» bilden (z. B. 70 % der «falschen Opfer» bei Sheridan & Blaauw, 2004) und eine besondere Herausforderung in der Beratung bedeuten.

Beispiele für psychotische «falsche Opfer»

Eine Frau fühlt sich von Menschengruppen verfolgt (insg. mind. 100 Einzelpersonen), die sie nicht kenne und die ihr jeden Tag folgen würden z. B. auf dem Weg zur Arbeit, am Bahnhof stehen und sie beobachten etc.; jeden Tag seien dies andere Menschen, sie werde nicht von ihnen angesprochen und wisse nicht was sie von ihr wollen, das seien wohl «Marionetten» die von einem kleinen Kreis älterer Herren manipuliert würden.

Ein Mann berichtet ein Opfer von «besonders subtilem Stalking» zu sein – von Menschen die sich nicht zu erkennen geben und nicht erwischt werden wollen; da höchste Stellen (Regierungen, Geheimdienste etc.) in diese Machenschaften verwickelt seien würden zwar alle Stellen die sich normalerweise um Stalking-Opfer kümmern – Polizei, Gerichte etc. – davon wissen, hätten aber die Anweisung nichts zu unternehmen.

Eine Frau berichtet von ihrem Ex-Freund in ihrer Wohnung beobachtet zu werden. Er habe Kontakt zu Menschen die über die neuesten technischen Geräte verfügen und beobachte sie mit Hilfe von Kameras in ihrer Wohnung bei allem was sie mache. Dabei würden er und seine Freunde – mittlerweile machen auch einige Nachbarn mit – Kommentare zu Dingen abgeben die sie in ihrer Wohnung mache (z. B. «Jetzt zieht sie sich die Schuhe an – wir müssen zusehen dass wir weg kommen»). Die «Täter» seien sehr raffiniert um nicht erwischt zu werden – wenn noch eine andere Person außer ihr in der Wohnung ist, sei nichts zu hören.

Oftmals sind die geschilderten Erlebnisse jedoch auch weniger eindeutig als psychotisch zu erkennen als in den beschriebenen Fallbeispielen. Insbesondere Personen mit einem **isolierten Wahn**, die in ihrer äußeren Erscheinung und im formalen Denken oft unauffällig sind, können sehr überzeugend auftreten, so dass die Schilderungen zunächst nachvollziehbar, wenn auch meist etwas kurios erscheinen. Wenn auf den ersten Blick nicht klar einzuordnen ist, ob es sich um einen Wahn handelt empfiehlt es sich, sehr detailliert nachzufragen welche Handlungen der Täter konkret vorgenommen hat und wie darauf reagiert wurde. Bei näherem Nachfragen häufen sich die Ungereimtheiten erfahrungsgemäß: Es wird klar, dass bestimmte Ereignisse entweder gänzlich unrealistisch sind (Beispiel: «Jemand kam in meine Wohnung obwohl ich vorher das Schloss ausgetauscht hatte und malte in den Staub auf meinem Regal Zeichen, um mir zu zeigen, dass ich rund um die Uhr kontrolliert werde»), deutlich überbewertet werden (z. B. ein Mann fühlt sich von einer obdachlosen Frau verfolgt, die im gleichen Stadtteil wohnt und ihn nur einmal angesprochen hat, ansonsten nur zweimal mit dem Fahrrad an ihm vorgefahren ist) oder dass bspw. in vielen Jahren der Belästigung kein einziger Beweis gesichert werden konnte, die Polizei trotz «eindeutiger Beweise» nie reagierte oder nie eine Person für das Opfer aussagen wollte.

Umgang mit psychotischen «falschen Opfern»

Steht eine Psychose hinter dem vermeintlichen Stalking, ist eine psychiatrische Behandlung notwendig. Ein Wahn zeichnet sich insbesondere durch seine Unkorrigierbarkeit aus, d.h. wahnhafte Personen sind so fest von der Realität des Wahninhalts überzeugt, dass sie mit vernünftigen Argumenten in der Regel nicht von ihren Ideen abzubringen sind. Dennoch ist die Beraterin hier gefordert, der Klientin – auch bei Uneinsichtigkeit in die eigene Behandlungsbedürftigkeit – nahe zu bringen, einen Facharzt (Psychiater/Nervenarzt) zu konsultieren.

Zunächst sollte abgeklärt werden, ob die **Klientin aktuell bei einem Psychiater oder Nervenarzt in Behandlung ist** oder es in der Vergangenheit war.

> **Wenn ja:** «Haben Sie mit Ihrem Arzt über dieses Problem gesprochen? (...) Was meint er dazu?» → Die Klientin sollte dazu motiviert werden, die medikamentöse Therapie einzuhalten. Zudem sollte der behandelnde Psychiater/Nervenarzt **von der Beraterin kontaktiert** werden, da der Besuch bei der Stalking-Beratungsstelle (bzw. Polizei, Rechtsanwalt, Interventionsstelle etc.) als Hinweis auf eine Verschlechterung der psychotischen Symptomatik gedeutet werden kann, auf die der behandelnde Arzt ggf. mit einer medikamentösen Umstellung reagieren wird. Zur Kontaktierung des behandelnden Psychiaters muss die Erlaubnis der Klientin eingeholt werden.

> **Wenn nein**: Grundsätzlich gilt, dass man mit der Erklärung «Sie haben eine psychische Erkrankung» vorsichtig sein sollte. Die meisten noch nicht psychiatrisch behandelten Betroffenen reagieren abwehrend («Ich bin doch nicht verrückt» oder «Ich bilde mir das doch nicht ein!»). Man kann dies umgehen, indem man der Klientin erklärt, dass es in besonderen Belastungssituationen – wie in der vorliegenden – ratsam ist, jede Hilfe in Anspruch zu nehmen die sich bietet. Ein Arzt kann mit Medikamenten, die nicht abhängig machen, helfen innerlich robuster zu werden und die Belastungen besser zu verkraften (Klientinnen sprechen oft von Tabletten, die «die Nerven stärken»). Sollte sich die Klientin mit dieser Aussage nicht zufrieden geben und auf weiteren Maßnahmen bestehen (Teilnahme an Gruppe für Stalking-Opfer, Polizeibesuch, Adresse eines Rechtsanwalts etc.) sollte zum Schutz der Klientin deutlich darauf hingewiesen werden, dass es sich nach der eigenen Auffassung nicht um Stalking handelt, sondern um eine Erkrankung, die ebenfalls sehr belastend ist, jedoch gut behandelt werden kann.

Grundsätzlich sollte Folgendes bei der Gesprächsführung mit psychotischen Opfern beachtet werden:

- Ausgiebig zuhören: Auch wenn sich die Beraterin sicher sein sollte, dass es sich um eine Psychose handelt, sollten die wichtigsten Aspekte des Gesprächsleitfadens zur Erstberatung (auch Suizidalität) in Ruhe erfragt werden. Die Klientin sollte sich ernst genommen und nicht frühzeitig «abgefertigt» fühlen.

- Verstehen und ansprechen, dass sich die Klientin in einer schwierigen und belastenden Lage befindet, ihre Wahrnehmung der Dinge nachvollziehen.
- Es ist gut möglich, dass die Klientin auf der Wirklichkeit ihrer Wahrnehmungen insistiert und sich gegen einen Arztbesuch und Medikamente sträubt. In diesem Fall lässt sich argumentieren, dass man Fachwissen und berufliche Erfahrung mitbringt und auf dieser Grundlage zu einer Einschätzung gekommen ist die man sich verpflichtet fühlt, ehrlich mitzuteilen, auch wenn sie fehlbar sein kann.
- Nicht «mitspielen» und bestätigen, dass es sich tatsächlich um Stalking handelt.
- Nicht auf der Wahrheit der eigenen Aussagen insistieren, nicht die Meinung der Klientin als «falsch» und die eigene als «richtig» deklarieren, sich nicht auf einen «Streit» oder eine Diskussion einlassen.

Insgesamt ist damit zu rechnen, dass sich in Beratungsstellen für Stalking-Opfer in Zukunft häufiger auch Patienten mit wahnhaften Störungen einfinden werden. Sie halten sich selbst nicht für psychotisch und haben in der Konzeptualisierung ihrer psychotischen Erlebnisse als Stalkingerfahrung eine entlastende Erklärung gefunden. An einem Wahn erkrankte Menschen arbeiten in ihre Wahninhalte immer auch aktuelle gesellschaftliche Phänomene und Entwicklungen ein. Da sich die Kenntnisse über Stalking zunehmend in der Gesellschaft verbreiten ist es nahe liegend, dass diese Thematik bei einigen Psychosepatienten zum zentralen Thema des Wahns wird. Für Berater in psychosozialen Beratungsstellen ist es eine sehr wichtige Aufgabe, diese Patienten zu erkennen und nicht fälschlicherweise als Stalking-Opfer zu beraten oder gar zu therapieren, da sie den betroffenen Patienten damit erheblichen Schaden zufügen können.

Es ist abschließend zu betonen, dass es auch Fälle gibt, in denen **nicht immer eindeutig zu entscheiden** ist, ob die vorgetragenen Erlebnisse ein psychotisches Erleben widerspiegeln oder doch einen realen Stalkinghintergrund haben. Dies ist im Übrigen auch bei anderen Wahnthemen manchmal der Fall. Hier ist eine gründliche, ggf. wiederholte Exploration auch unter Einbeziehung oder Supervision eines erfahrenen Psychiaters/Psychologen zu empfehlen.

Fallmanagement

5.
Einleitung weiterer Maßnahmen

Aus der Erfassung der Stalking-Situation, der Auswirkungen von Stalking auf die Betroffene (gesundheitliche, soziale, finanzielle Folgen) sowie der Gefährdungseinschätzung sind weitere Maßnahmen abzuleiten.

Folgender schematischer Ablauf illustriert ggf. zu ergreifende Maßnahmen:

Liegt ein Stalkingfall vor? Zeile 1

☐ **ja** ☐ **nein** es handelt sich um ein anderes Phänomen (Nachbarschaftsstreitigkeiten, Beziehungsprobleme, histrionische Persönlichkeit etc.) → weiter zu Zeile 5

☐ **nein** Verdacht, dass sich ein Stalker als Opfer ausgibt → die Polizei informieren

☐ **nein** Verdacht auf eine psychotische Erkrankung oder Verfolgungswahn → weiter zu Zeile 6

Hat bereits ein Kontaktabbruch seitens des Opfers stattgefunden? Zeile 2

☐ **ja** ☐ **nein** → Bereitschaft hinterfragen, den Kontakt abzubrechen

Wurden juristische oder polizeiliche Maßnahmen ergriffen? Zeile 3

☐ **ja** ☐ **nein** → Informationsblatt «Rechtlicher Schutz gegen Stalking» überreichen

Stehen der Betroffenen finanzielle Mittel zur Verfügung, juristische Maßnahmen einzuleiten?

☐ **ja** ☐ **nein** → Verweis an Opferschutzorganisation (z. B. Weisser Ring) oder Rechtsberatung bei Gericht

(weiter auf der nächsten Seite)

Zeile 5 **Ist die Betroffene psychisch stark beeinträchtigt oder suizidal?**
(z. B. momentan nicht oder eingeschränkt arbeitsfähig, Schwierigkeiten, den Haushalt zu versorgen, sich um Kinder zu kümmern oder sich von Suizidhandlungen sicher zu distanzieren?)

☐ **ja** ☐ **nein** → weiter zu Zeile 7

Zeile 6 **Ist die betroffene Person in fachärztlicher oder psychotherapeutischer Behandlung?** (Psychiater, Nervenarzt, Psychotherapeut)

☐ **ja** → ermutigen, den Behandler rasch aufzusuchen und Probleme offen anzusprechen. Ist evtl. zusätzliche Unterstützung notwendig?
Bei akuter Suizidalität und mangelnder Absprachefähigkeit stationäre Behandlung einleiten

☐ **nein** → Verweis an psychiatrische Ambulanz, niedergelassenen Facharzt, Psychotherapeut oder (bei Problemen mit Bewältigung des Alltags) psychologische Beratungsstelle.
Bei akuter Suizidalität und mangelnder Absprachefähigkeit stationäre Behandlung einleiten

Zeile 7 **Wird die aktuelle Gefährdung der Betroffenen als hoch eingeschätzt?**

☐ **nein** ☐ **ja** → Polizei umgehend hinzuziehen; bei Bedarf organisieren, dass betroffene Person dorthin begleitet wird

6. Verhaltensstrategien im Umgang mit Stalking

Nach der detaillierten Erfassung der Stalking-Situation werden der Betroffenen grundlegende Hinweise zum Verhalten gegenüber dem Stalker gegeben.

6.1 Allgemeine Verhaltensstrategien

Die zentrale «Anti-Stalking-Regel» lautet:

- **«Alle Belästigungen und Kontaktaufnahmeversuche des Stalkers konsequent ignorieren»**.

Den lerntheoretischen Hintergrund für die Empfehlung, nicht auf die Verhaltensweisen des Stalkers zu reagieren, bildet das Prinzip der «Operanten Konditionierung», das im Folgenden kurz erläutert wird.

Hintergrundinformation zur Lerntheorie und insbesondere zur Operanten Konditionierung

Die Lernpsychologie versteht unter «Konditionierung» das Erlernen von Reiz-Reaktions-Mustern und unterscheidet dabei Klassische Konditionierung (hier nur der Vollständigkeit halber erwähnt) und Operante Konditionierung (die bei der Frage «Wie lernt der Stalker» Anwendung findet).

Lernen durch **Klassische Konditionierung** wurde durch Pawlows Hunde-Experiment (Absondern von Speichel als Reaktion auf einen Glockenton, der zur gleichen Zeit wie Futter dargeboten worden war) beschrieben. Es wird ein ursprünglich neutraler Reiz (Glockenton), der zu keiner bestimmten Reaktion führt, durch Kopplung mit einem unkonditionierten Reiz (Futter), der ohne Lernen eine Reaktion auslöst, zu einem konditionierten Reiz, der dieselbe Reaktion (Speichelfluss) auslösen kann wie der unkonditionierte Reiz.

Während bei der Klassischen Konditionierung neue Reize gelernt werden, basiert die **Operante Konditionierung** auf dem Lernen durch die Konsequenzen, die einem Verhalten nachfolgen, den sog. Verstärkern. Als Verstärker werden jene Verhaltenskonsequenzen bezeichnet, die die Wahrscheinlichkeit erhöhen, dass das Verhalten wiederholt gezeigt wird.

Ein alltagsnahes **Beispiel für Operantes Lernen:**

Eltern befinden sich mit einem um Süßigkeiten quengelnden Kleinkind an der Supermarktkasse. Zunächst bleiben die Eltern «hart» und weigern sich die Süßigkeit zu kaufen, das Weinen und Schreien des Kindes wird intensiver, andere Kunden werden aufmerksam, die Familie rückt in den Mittelpunkt des Interesses. Schließlich wirft sich das Kind auf den Boden, zappelt mit Armen und Beinen, woraufhin die entnervten und bloßgestellten Eltern die Süßigkeit aufs Band legen, damit endlich Ruhe ist. Das Kind lernt: «Wenn ich nur lange und heftig genug quengle bekomme ich was ich will»

Positive Verstärkung: bedeutet die Erhöhung der Auftretenswahrscheinlichkeit eines Verhaltens, wenn ein positiver Reiz hinzu kommt (z. B. Anerkennung, Achtung, Zuwendung, Geld). Vereinfacht ausgedrückt: Man tut etwas häufiger, weil man etwas Angenehmes dafür bekommt (Beispiel: Ein Schüler meldet sich und wird gelobt; er meldet sich in Zukunft häufiger).

Negative Verstärkung: bedeutet die Erhöhung der Auftretenswahrscheinlichkeit eines Verhaltens, wenn ein negativer Reiz entfernt wird (z. B. das Entfernen von Lärm, grellem Licht, Hitze oder Kälte).

Bestrafung: bedeutet die Reduzierung der Auftretenswahrscheinlichkeit eines Verhaltens. Wichtig ist dabei, dass es nicht zwingend einen «Bestrafer» geben muss, sondern Bestrafung bezeichnet alle Verhaltenskontingenzen, die die Auftretenswahrscheinlichkeit eines Verhaltens reduzieren. Dies kann geschehen, indem ein negativer Reiz hinzu kommt (z. B. Lärm, Stromschlag, Hausarrest), aber auch, indem ein positiver Reiz entfernt wird (z. B. Lieblingsspielzeug wird Kind weggenommen).

Intermittierende Verstärkung: Dies bedeutet, dass nicht jede Reaktion verstärkt wird, sondern z. B. jede zweite, dritte, zehnte usw. Die Lernkurve steigt nicht so stark an wie bei kontinuierlicher Verstärkung (= jede Reaktion wird verstärkt), jedoch fällt die «Vergessenskurve» weniger stark ab. Das Verhalten wird besonders hartnäckig gelernt, ist schwieriger zu «löschen». Intermittierende Verstärkung kann auch variabel geschehen, z. B. eine Verstärkung nach der 10. Reaktion, die nächste nach der 5. Reaktion usw.

Variable Intervallverstärkung bewirkt die **stärkste Löschungsresistenz** eines Verhaltens.

Anhand des Handouts «Wie lernt der Stalker» kann der Klientin das Prinzip der Operanten Konditionierung veranschaulicht werden (zu finden im Anhang A7).

Der Klientin wird vermittelt, dass das Prinzip des Operanten Lernens auf die Frage «Wie lernt der Stalker» anwendbar ist. Es kann davon ausgegangen werden, dass **jede erfolgreiche Kontaktaufnahme** im Sinne einer Reaktion des Opfers (Opfer redet mit dem Stalker, beantwortet eine E-Mail oder SMS, schickt ein Paket an ihn zurück etc) das **Verhalten des Stalkers verstärkt**.

Unabhängig davon *was* die Betroffene sagt ist es vielmehr wichtig dass sie *überhaupt etwas* sagt und reagiert! Viele Betroffene gehen davon aus, dass abwehrende Inhalte, z. B. «Lass mich in Ruhe», «Ich werde nie zu dir zurück kommen, begreif das doch endlich» usw. aversiv auf den Stalker wirken – die Tatsache, dass die

Täter in der Regel unbeeindruckt mit den Belästigungen fortfahren spricht jedoch nicht dafür.

Außerdem sollte die **zentrale Bedeutung des konsequenten Nicht-Reagierens** vermittelt werden, da eine «ausnahmsweise Reaktion» nach einer Zeit des Ignorierens eine maximale Verstärkung des Stalkingverhaltens bedeutet (→ **intermittierende Verstärkung** führt zu besonders hartnäckig gelerntem Verhalten). Als Beispiel kann folgender Fall angeführt werden.

■ Fallbeispiel

Eine Frau hatte nach konsequentem Ignorieren der Belästigungen ihres Ex-Partners, der sie über ein Jahr gestalkt hatte, mehrere Monate Ruhe vor ihm. Als der Täter die Betroffene nach längerer Zeit wieder telefonisch kontaktierte führte sie mit ihm ein kurzes Gespräch, im Glauben das Stalking hätte sich erledigt. Der Stalker wiederum wertete ihr Eingehen auf ihn als Zeichen ihres Interesses an einer Wiederaufnahme der Beziehung. Daraufhin setzten die Belästigungen wieder in voller Stärke ein.

Auf verschiedene Kontaktaufnahmeversuche des Stalkers angewendet bedeutet «Nicht Reagieren» im Einzelnen:

- konsequenter Kontaktabbruch
- sich nicht auf weitere Diskussionen einlassen (auch nicht bei Drohung mit Suizid u. Ä.)
- Telefon wortlos auflegen
- Anrufbeantworter schalten, nicht selbst besprechen
- Stalker im Unklaren lassen, ob und wie seine Aktionen ankommen
- Briefe, Pakete u.ä. nicht an den Stalker zurückschicken.

Aufgrund der zentralen Bedeutung, die der Kontaktabbruch und das konsequente Nicht-Reagieren auf das Verhalten des Stalkers haben, ist von Versuchen der **Mediation oder eines Täter-Opfer-Ausgleichs**, wie sie von Gerichten manchmal vorgeschlagen werden, **entschieden abzuraten.**

Die Regel «Alle Belästigungen und Kontaktaufnahmeversuche des Stalkers konsequent ignorieren» ist für Betroffene nicht immer einsichtig und wird manchmal damit gleichgesetzt, sich passiv zu verhalten und sich nicht zur Wehr zu setzen. In der Tat soll eine direkte Gegenwehr im Sinne eines verbalen oder körperlichen

Gegenangriffs vermieden werden. Stattdessen sollte die Betroffene ermutigt werden Maßnahmen zu ergreifen, die sie schützen und geeignet sind, das Stalking zu beenden. Dazu gehören z. B. die Erstattung einer Anzeige bei der Polizei, die Erwirkung einer einstweiligen Verfügung oder die Beratung bei einem Anwalt hinsichtlich juristischer Interventionsmöglichkeiten.

Einen Überblick über rechtliche Möglichkeiten, der eine anwaltliche Fachberatung selbstverständlich nicht ersetzt, gibt die Homepage des Justizministeriums, dessen Informationstext im Infoblatt «Rechtlicher Schutz gegen Stalking» (zu finden im Anhang A5) abgedruckt ist.

Um juristisch gegen den Stalker vorgehen zu können ist das Vorliegen von **Beweismaterial** unerlässlich. Daher sollten Betroffene

- Stalking-Vorfälle mit Datum und Uhrzeit dokumentieren
- Nachrichten, E-Mails, Briefe, Pakete etc. archivieren
- Ihre Umgebung (Freunde, Bekannte, Nachbarn, Kollegen etc.) informieren und sie bitten, als Zeugen zur Verfügung zu stehen.

Die dargestellten Verhaltensempfehlungen finden sich auf zwei Informationsblättern für Betroffene («Anti-Stalking-Regeln», Anhang A3).

Ambivalenz bezüglich eines Kontaktabbruchs

Es kann vorkommen, dass Betroffene unschlüssig sind, ob sie dazu bereit sind den Kontakt zum Stalker endgültig abzubrechen. Dies ist insbesondere bei Ex-Partner-Stalking der Fall. Derartige **Ambivalenz** äußert sich z. B. in über längere Zeit andauerndem, inkonsequentem Verhalten dem Stalker gegenüber oder darin, dass die Betroffene die Stalking-Handlungen ihres Ex-Partners zu rechtfertigen versucht. Ambivalenz kann sich auch in Schuldgefühlen gegenüber dem Stalker oder dem Wunsch, es möge wieder so werden, «wie früher, als die Partnerschaft noch in Ordnung» war, äußern.

→ Hier kann es hilfreich sein, die wahrgenommene Ambivalenz der Betroffenen zu spiegeln und gezielt danach zu fragen ob sie zu einem dauerhaften Kontaktabbruch bereit ist. Dabei sollte darauf hingewiesen werden, dass Ambivalenz gegenüber dem Stalker nicht ungewöhnlich ist. Es sollte jedoch auch deutlich gemacht werden, dass das konsequente Ignorieren als einzige Möglichkeit gesehen wird, auf eine Beendigung des Stalking durch eigenes Verhalten hin zu wirken. Eine Ambivalenz bzgl. des Kontaktabbruchs ist kein Hinderungsgrund für weitergehende therapeutische Interventionen. Sollte die Betroffene jedoch sicher sein, dass sie auf den Kontakt zum Stalker nicht verzichten möchte, sollte sich die Intervention auf die Erstberatung beschränken.

6.2 Verhaltensstrategien bei gemeinsamen Kindern

In vielen Fällen von Ex-Partner Stalking wird der Kontaktabbruch durch **gemeinsame Kinder** verkompliziert. Praktische Anordnungen wie Ignorieren der Kontaktaufnahmen des Stalkers und Kontaktabbruch können von Gerichten unterlaufen werden, indem zu Mediationsgesprächen zwischen den Eltern des Kindes aufgerufen wird. Mütter, die dem nicht nachkommen, gelten als «unkooperativ», was ihnen bspw. bei Sorgerechtsprozessen zum Nachteil gereichen kann.

Dies ändert jedoch nichts an der grundsätzlichen Maxime, nicht auf die Belästigungen des Stalkers zu reagieren. Elternkontakte sollten auf das Notwendigste reduziert werden. Kinderübergaben sollten auf neutralem Boden oder über Dritte erfolgen und so gestaltet sein, dass sich die Eltern nicht begegnen müssen. Der Austausch wichtiger Informationen bzgl. des gemeinsamen Kindes kann ebenfalls über Dritte erfolgen, bspw. über das Jugendamt oder eine Beraterin, die die Familie über längere Zeit begleitet.

Wichtig ist in diesem Zusammenhang, dass eine **momentane Kooperations- bzw. Kontaktverweigerung auf Seiten des gestalkten Elternteils als Folge des Stalkingverhaltens nicht mit einer generellen mangelnden Kooperationsbereitschaft gleichzusetzen ist**, sondern kontext- und ursachenabhängig betrachtet wird (Stadler, 2009).

In Hinblick auf **geeignete Sorge- und Umgangsregelungen** kommt Stadler (2009) auf der Grundlage der Befragungen von Opfern und Expertinnen zu dem Schluss, dass ein gemeinsames Sorgerecht in Fällen, in denen Kinder massiv in das Stalking einbezogen werden, nicht angezeigt ist. Gründe hierfür seien eine mangelnde Kompromissfähigkeit, sowie Kooperationsfähigkeit und -bereitschaft des Stalkers. Gegen ein gemeinsames Sorgerecht spreche ferner, wenn die Beurteilungsmaßstäbe der elterlichen Sorge, die Bindungstoleranz und die Erziehungsfähigkeit als stark beeinträchtigt eingeschätzt werden. Dies kann sich bei Stalkern in der Instrumentalisierung des Kindes (z. B. um Kontakt mit dem anderen Elternteil aufzunehmen), Verleumdungen des gestalkten Elternteils, einer mangelnden Empathiefähigkeit sowie der Dominanz der eigenen Bedürfnisse über denen des Kindes äußern. In solchen Fällen sollte nach Meinung der befragten Expertinnen den Betroffenen zeitnah zumindest Teile der Sorge, wie das Aufenthaltsbestimmungsrecht, zugesprochen werden.

Wenn die vorherigen Maßnahmen keine Verhaltensänderungen bewirken konnten, sollten dem Stalker sukzessiv weitere Teile der Sorge- und Umgangsregelungen entzogen bzw. dem gestalkten Elternteil das alleinige Sorgerecht übertragen werden.

In Stalkingfällen, in denen es dem Stalker gelingt, das Kind weitestgehend aus dem Konflikt herauszuhalten, erscheint eine **Kindesübergabe über Dritte** oder über eine Kindertagesstätte als eine geeignete Lösung. Dann ist jedoch eine **klare Regelung der Umgangskontakte** nötig.

Folgende Fragen sollten geklärt sein:

- Wann und wie erfolgt die Übergabe?
- Wann, wie oft und unter welcher Telefonnummer darf der Stalker die Kinder anrufen?
- Zu welchen Veranstaltungen der Kinder erscheint er, zu welchen geht das gestalkte Elternteil?
- Welche Person kann er bei Kontakten mit den Kindern in Notfällen anrufen (z. B. die Oma des Kindes oder eine Bekannte der Betroffenen)?

Hält sich der Stalker an die Abmachungen, können die Regelungen mit der Zeit sukzessive gelockert werden.

Bei schwerem Stalking sollte stufenweise überprüft werden, welche Formen des Umgangs mit dem Kind möglich sind. Zunächst sollte geprüft werden, ob eine Übergabe des Kindes durch Dritte (Personen oder Institutionen) möglich ist, ohne dass der Stalker das Kind durch manipulatives, ausfragendes oder die Mutter diffamierendes Verhalten in den Stalking-Konflikt mit einbezieht.

Ist ihm dies nicht möglich, sollte als nächster Schritt ein **begleiteter Umgang** eingeleitet werden. Wenn sich dieser auch als nicht tragbar erweist oder ein Schutz des Kindes dadurch nicht gewährleistet ist, muss ein Umgangsausschluss als letzte Konsequenz erwogen werden.

Habermeyer (2006), nach dessen Sicht bei Stalking zunächst immer von einer Gefährlichkeit ausgegangen werden muss, da es ein aggressives Verhalten darstellt, hält zudem bei beteiligten Kindern im Hinblick auf die **Erziehungsfähigkeit** eine psychologische und psychiatrische Begutachtung des Stalkers – und zwar unabhängig von zivil- oder strafrechtlichen Gesichtspunkten – für notwendig.

In der **Stalkingberatung tätige Personen** sind aufgefordert, bei Fachkolleginnen und auch interdisziplinär (z. B. bei Mitarbeitern des Jugendamts oder des Gerichts) selbst **aktiv Aufklärungsarbeit zu leisten**. Die Stalking-Thematik ist immer noch relativ neu und der Kontaktabbruch als Methode der Wahl ist vielerorts noch nicht bekannt.

Jedoch auch die Betroffenen selbst sind aufgefordert, sich über ihre Opferrechte (z. B. beim Weißen Ring) zu informieren und von ihnen **konsequent** Gebrauch zu machen. Insbesondere die einstweilige Verfügung («Näherungsverbot») nach dem Gewaltschutzgesetz (GewSchG) sollte bei Bedarf wiederholt erwirkt werden. Verstöße gegen das Näherungsverbot sollten **umgehend und ausnahmslos** gemeldet werden, da diese einen Straftatbestand darstellen und einerseits zur Verlängerung der einstweiligen Verfügung führen, andererseits mit Geldstrafen bis hin zu Freiheitsstrafen geahndet werden.

6.3. Umgang mit Stalking im beruflichen Kontext

Stalking durch einen Arbeitskollegen

Stalking durch einen Arbeitskollegen lag in der Mannheimer Studie in ca. 9 % der Stalkingfälle vor (Dreßing et al., 2005a). Hier kommt erschwerend hinzu, dass ein Kontaktabbruch zum Stalker je nach Intensität der beruflichen Zusammenarbeit schwerer realisierbar ist als in anderen Stalkingfällen. Dennoch ist es wichtig, im Falle von Stalking frühzeitig Grenzen zu setzen.

Für diesen Fall wird folgendes gestuftes Vorgehen vorgeschlagen:

- Das Opfer teilt dem Stalker schriftlich (z. B. über E-Mail oder in einem Brief) mit, dass es keinerlei privaten Kontakt wünscht und die Kontaktaufnahmeversuche bzw. Belästigungen umgehend einzustellen sind. Sollte dies nicht geschehen, werde ein Vertreter des Arbeitgebers hinzugezogen, um weitere Schritte einzuleiten.

- Falls dies keinen Erfolg zeigt, sollte sich das Opfer tatsächlich umgehend an den **Justiziar der Firma oder den Betriebsrat** wenden und das weitere Prozedere in deren Hände legen. Von da an sollte nicht mehr das Opfer selbst (auch nicht dessen Angehörige oder Freunde!) versuchen, den Stalker von seinem Verhalten abzubringen. Durch den Justiziar oder Betriebsrat sollte nun ein «**Warnschuss**» erfolgen, indem dem Stalker schriftlich mitgeteilt wird, dass er die Belästigungen sofort zu unterlassen hat; die Konsequenzen im Fall der Nicht-Beachtung müssen klar aufgezeigt werden (z. B. offizielle Abmahnung, Versetzung des Stalkers, Anzeige bei der Polizei durch den Arbeitgeber, in letzter Konsequenz Kündigung).
- Wenn sich am Verhalten des Stalkers nichts ändert, sollten die **angekündigten Maßnahmen konsequent durchgeführt** werden. Ein erster Schritt kann dabei eine offizielle Abmahnung und/oder Versetzung des Stalkers sein.
- Zeigt sich der Stalker weiterhin unbeeindruckt und führt die Belästigungen fort, sollte die **Anzeige bei der Polizei durch einen Vertreter des Arbeitgebers** und nicht durch das Opfer selbst erfolgen. Dies macht deutlich, dass es sich nicht um eine Privatangelegenheit von Stalker und Opfer handelt, sondern um Handlungen, die vom Arbeitgeber nicht tolerierbar sind, die das Betriebsklima und die Arbeitsproduktivität massiv beeinträchtigen und damit neben dem Opfer auch den Arbeitgeber schädigen.

Stalking durch einen Vorgesetzten

Wird eine Person von ihrem Vorgesetzten gestalkt, wird grundsätzlich das gleiche Vorgehen wie bei einem gleichgestellten Mitarbeiter empfohlen (s. o.). Hier muss jedoch bedacht werden, dass bei betrieblichen Entscheidungen bzgl. einer Versetzung oder einer Kündigung im Zweifelsfall häufig eher zugunsten des hierarchisch höher gestellten Mitarbeiters entschieden wird. Daher empfiehlt es sich, die rechtlichen Möglichkeiten im Vorfeld mithilfe eines spezialisierten Rechtsanwalts gut abzuwägen. Beweise und Zeugenaussagen sind hier sicherlich von besonderer Bedeutung.

Anlaufstellen in der Firma sind z. B. die Gleichstellungsbeauftragte, der Betriebsrat, der Personalrat oder der Justiziar der Firma.

Stalking durch einen Patienten oder Klienten

Stalking im Rahmen eines professionellen (beruflichen) Kontakts macht ca. 2 % der Täter-Opfer-Konstellationen aus (Dreßing et al., 2005a). Wie bereits erwähnt scheinen Personen, die beruflich mit Menschen in engeren Kontakt kommen, wie z. B. Krankenschwestern, Ärzte, Psychologen, Professoren, Lehrer, Rechtsanwälte und Journalisten ein erhöhtes Risiko zu haben, Opfer eines Stalkers zu werden.

Oftmals erfolgen die Stalkinghandlungen aus Rachemotiven des Stalkers heraus (insbesondere bei Klienten von Rechtsanwälten, Patienten von Ärzten, bei Schülern und Studenten, die ihre Lehrer/Professoren stalken).

Ist der berufliche Kontakt bereits beendet, unterscheidet sich das Vorgehen in der Regel nicht von dem «klassischer» Stalking-Fälle.

Besteht aktuell noch ein beruflicher Kontakt, sind die genauen Umstände der Situation zu beachten. Angestellten ist generell eine **frühzeitige Information des Arbeitgebers** zu empfehlen. Auch sollten weitere Maßnahmen mit dem Arbeitgeber abgestimmt und durch diesen vorgenommen werden.

Handelt es sich bspw. um einen Schüler, der einen Lehrer/Professor/Schulpsychologen etc. stalkt, sollte, ähnlich wie bei Stalking unter Arbeitskollegen, von einer privaten Anzeige abgesehen werden. Hier empfiehlt es sich, die Schulleitung zu informieren, damit diese weitere Konsequenzen ankündigen und ggf. einleiten kann.

Wird eine **niedergelassene Psychotherapeutin oder Ärztin** von einem Patienten gestalkt, sollte zunächst versucht werden, ob dies durch ein Gespräch mit dem Patienten beendet werden kann (z. B. durch die Entwicklung eines «Notfallplans»: Was kann er tun und an wen kann er sich wenden, wenn es ihm schlecht geht, Sammeln und Notieren wichtiger Telefonnummern und Kontaktmöglichkeiten). Hat dies keinen Erfolg, muss der **Therapieabbruch** angekündigt («Warnschuss») und schließlich auch konsequent vollzogen werden, wenn das Stalkingverhalten weiterhin aufrechterhalten wird.

Stalkt der Täter auch noch nach dem Therapieabbruch, sollten zügig weitere Schritte erfolgen (z. B. Brief eines Anwalts, dass jegliche Versuche der Kontaktaufnahme umgehend zu unterlassen sind als «letzte Warnung», falls dies nicht greift Anzeige bei der Polizei).

6.4 Maßnahmen bei Cyberstalking

Bei Cyberstalking sind den Betroffenen grundsätzlich Verhaltensweisen zu vermitteln, die auch für andere Formen des Stalking gelten (vgl. 6.1). Insbesondere sollte einmalig und unmissverständlich erklärt werden, dass kein Kontakt gewünscht wird und weitere Kontaktangebote ignoriert werden. Auf beleidigende oder verunglimpfende Darstellungen sollte überhaupt nicht direkt geantwortet werden, vielmehr sollte überprüft werden, inwieweit es sich dabei um Straftatbestände handelt, um gegebenenfalls rechtliche Schritte einzuleiten.

Als Präventivmaßnahme zum Schutz vor Cyberstalking, jedoch auch zu empfehlen, wenn jemand bereits von Cyberstalking betroffen ist, gilt eine **Zurück-**

haltung bezüglich der Veröffentlichung persönlicher Daten, insb. was private Angaben, Fotos oder Filme betrifft. Die Weiterverbreitung persönlicher Daten, Fotos, Filme etc., die einmal im Internet veröffentlicht wurden, ist nicht mehr kontrollierbar. Informationen können, einmal gespeichert, zu späteren Zeitpunkten auf x-beliebigen Seiten, in verschiedenen Foren, Portalen oder Netzwerken veröffentlicht werden. Auch Informationen in «geschützten Bereichen» von sozialen Netzwerken sind vor illegalem Zugriff nicht sicher, wie 2009 die Datenpanne im sozialen Netzwerk SchülerVZ gezeigt hat, als persönliche Daten durch Hacker in großem Umfang illegal kopiert worden waren.

Liegt Cyberstalking vor, sind als mögliche Maßnahmen zu nennen (vgl. auch Anhang 4):

- Den Cyberstalker in Web-basierten sozialen Netzwerken zu sperren.
- Die Betreiber Web-basierter sozialer Netzwerke haben Meldeseiten eingerichtet, auf denen Cyberstalking zur Kenntnis gebracht werden kann. Nach entsprechender Überprüfung durch den Betreiber kann das Profil des Cyberstalkers gelöscht werden.
- Darstellungen in Foto- oder Videoportalen können gelöscht werden, wenn die Persönlichkeitsrechte verletzt wurden (Betreiber der Portale informieren).
- Bei anonymen Kontaktaufnahmen via E-mail kann über den Provider unter Umständen der anonyme Stalker identifiziert werden.
- Die Betroffenen sollten alle Kontaktaufnahmeversuche, Verunglimpfungen etc. archivieren, da dies als Beweismaterial in einem Strafverfahren dienlich sein kann.

Grundsätzlich gilt auch für Cyberstalking, dass in eindeutigen Fällen ein Kontakt zur Polizei hergestellt und rechtliche Schritte geprüft werden sollten.

Da Beraterinnen in der Regel nicht umfassend über die Möglichkeiten der Internettechnologie informieren können, sollte auf spezialisierte Websites (z. B. *klicksafe.de* oder *cyberangels.org*) hingewiesen und die Beratung durch einen Computer- bzw. Internetexperten empfohlen werden.

Teil II: Therapeutische Unterstützung

Der zweite Teil des Manuals enthält psychotherapeutisch fundierte Interventionen, die darauf abzielen, den Umgang der Betroffenen mit Stalking zu verbessern, ihren Handlungsspielraum zu erweitern und die mit Stalking verbundene psychische Belastung zu reduzieren.

Die Interventionen sind in Module gegliedert, die aufeinander aufbauend, aber auch einzeln angewendet werden können. Alle Module sind sowohl im Einzel- als auch im Gruppensetting durchführbar. Spezielle Aspekte, die bei der Durchführung von Gruppen zu berücksichtigen sind, sind auf Seite 72 zu finden.

Vor der Anwendung der Module sollte die im ersten Teil des Manuals beschriebene Erstberatung erfolgen.

Formale Aspekte

Zeitrahmen

Der zeitliche Aufwand für die Durchführung der therapeutischen Interventionen richtet sich einerseits nach der Anzahl der Module, die bearbeitet werden, andererseits nach der Art des gewählten Settings (Einzel- vs. Gruppensetting).

Wird eine Gruppe durchgeführt, sollten Sitzungen à 90 Minuten im wöchentlichen Rhythmus geplant werden. Im Einzelsetting orientieren sich Dauer und Frequenz an ambulanter Psychotherapie (50–60 Minuten im wöchentlichen Rhythmus).

Für die einzelnen Module wird folgender Zeitrahmen veranschlagt:

Als **Basisinterventionen**, die in jedem Fall durchgeführt werden sollten, werden die Module

- günstiges und ungünstiges Verhalten (mit den Inhalten «Wie lernt der Stalker» und «Verhaltensanalyse: Welches Verhalten ist für mich günstig»), 2–3 Sitzungen und
- Bewältigung belastender Stalkingsituationen (mit den Inhalten «Rollenspiel» und «Stressimpfungstraining»), 2–3 Sitzungen

empfohlen.

Die Durchführung der Module

- Bearbeitung dysfunktionaler Kognitionen (1–2 Sitzungen)
- Umgang mit belastenden Emotionen (1–2 Sitzungen)
- Selbstkonzept/Opferrolle (1–2 Sitzungen) und
- Aufbau angenehmer Aktivitäten (1 Sitzung)

sollte am individuellen Bedarf der Klientin orientiert werden.

Außerdem sollten im Gruppensetting **je eine Sitzung** für den Beginn (vgl. «Erste Sitzung» S. 75) und den Abschluss (vgl. «Abschlusssitzung» S. 141) der gemeinsamen therapeutischen Arbeit eingeplant werden.

Materialien

Sowohl im Einzel- als auch im Gruppensetting empfiehlt sich die Visualisierung von Sitzungsinhalten, wofür

- ein Flipchart
- Flipchartpapier und
- Flipchartstifte (alternativ: breite Eddingstifte) in mehreren Farben (rot, grün, schwarz oder blau als «neutrale Farbe») notwendig sind.

Außerdem sind die zum jeweiligen Modul gehörigen **Teilnehmerunterlagen** bereit zu stellen, die im Anhang des Manuals zu finden sind.

Berater-/Therapeutenverhalten

Das Verhalten der Beraterinnen/Therapeutinnen sollte in Anlehnung an die Grundsätze der klientenzentrierten Gesprächsführung (Rogers, 1951) geprägt sein durch:

- Empathie (nicht wertendes, einfühlendes Verstehen)
- Akzeptanz (uneingeschränkte Wertschätzung, die vom Verhalten und Erleben der Klientin unabhängig ist)
- Kongruenz (Echtheit, Wahrhaftigkeit gegenüber der Klientin).

Da Stalking-Opfer häufig Verhaltenstipps von ihrer Umwelt erhalten – zum Teil auch widersprüchliche (z. B. «Wehr dich doch» oder «Du musst untertauchen») – sollte die Therapeutin die Klientin durch die Methode des «geleiteten Entdeckens» darin unterstützen, ihr Verhalten zu analysieren und die für sie selbst günstigen und weniger günstigen Reaktionsmuster zu identifizieren.

Im vorliegenden Manual werden Ansätze zur Verhaltensmodifikation dargestellt. Das bedeutet jedoch nicht, dass die Betroffenen bisher alles «falsch» gemacht haben und jetzt beigebracht bekommen wie es «richtig» geht. Es gilt der Klientin zu vermitteln, dass es immer gute Gründe gibt sich in einer bestimmten Weise zu verhalten – vielleicht findet sie aber heraus, dass die Gründe, die für ein anderes Verhalten sprechen, sie mehr überzeugen.

Zu bestimmten Punkten gilt es allerdings als Beraterin/Therapeutin deutlich Stellung zu beziehen. Dies ist z. B. der Fall, wenn die Klientin sich durch ihr Verhalten in Gefahr begeben könnte (z. B. weil sie durch eine Stärkung ihres Selbstvertrauens Anzeichen für eine Gefährdung ignoriert) oder wenn es um das Thema «Schuld» geht – den Betroffenen sollte mit Nachdruck vermittelt werden, dass sie keine Schuld daran tragen, dass sie gestalkt werden.

Ausschlusskriterien

- «**falsche Opfer**» (Überprüfung und Ausschluss sollte im individuellen Erstgespräch erfolgen)
- Psychisch stark beeinträchtigte Personen, die **stationär behandlungsbedürftig** sind. Parallel zu einer stationären Behandlung kann (in Absprache mit dem behandelnden Arzt) mit den im folgenden dargestellten Interventionen begonnen werden, wenn sich der Zustand der Betroffenen ausreichend stabilisiert hat.

Gruppensetting

Die Durchführung der stalkingspezifischen therapeutischen Interventionen im Gruppensetting hat einige Vorteile. Zentral dabei ist die Erfahrung der Betroffenen, dass andere Personen Ähnliches erlebt haben, was eine große Entlastung bedeuten kann. Betroffene schildern häufig, dass Menschen in ihrem Umfeld die Auswirkungen der Belästigung nicht nachvollziehen können. Daher hilft die Erfahrung, mit dem Problem nicht alleine zu sein, Gefühle der Isolation und Schuldgefühle («So etwas passiert nur mir – daher muss es an mir liegen») zu mindern und Hoffnung auf Veränderung zu schöpfen. Zudem haben Mitglieder einer Gruppe füreinander eine Modellfunktion, was einen wichtigen Beitrag bei der Entwicklung und Umsetzung von Bewältigungsstrategien darstellt.

Im Folgenden werden einige formale Aspekte zur Durchführung von Gruppen erläutert.

Gruppengröße

Eine Gruppengröße von drei bis sechs Teilnehmerinnen ist empfehlenswert. Grundsätzlich ist eine Gruppe auch mit zwei Teilnehmerinnen durchführbar, wobei dann entschieden werden muss, ob bei Abwesenheit einer Teilnehmerin die Gruppe ausfällt oder ein Einzeltermin mit der zweiten Klientin durchgeführt wird.

Struktur der Sitzungen

Im Gruppensetting wird folgender, für gruppentherapeutische Interventionen üblicher Ablauf empfohlen:

- **Blitzlicht**
  «Blitzlicht» bezeichnet eine kurze Rückmeldung jeder Teilnehmerin zur vergangenen Woche («Gibt es Neuigkeiten bezüglich Stalking?», «Was ist seit der letzten Sitzung vorgefallen und wie sind Sie damit umgegangen?», «Gibt es etwas Aktuelles, das Sie in der heutigen Sitzung besprechen oder bearbeiten möchten?»).
  Das Blitzlicht sollte kurz gehalten werden und auf aktuelle Vorfälle fokussieren.
- **Besprechen der Übungen/«Hausaufgaben»** (falls zutreffend)
- **Themen für die Sitzung festlegen und durchführen**
  → Wichtig ist der Grundsatz, dass ein **«akutes» Thema immer Vorrang** vor der Durchführung des geplanten Moduls hat. Zum Beispiel sollte eine Teilnehmerin, die sich unsicher ist, wie sie sich in einer kurz bevorstehenden Gerichtsverhandlung, Anhörung etc. verhalten soll, nicht zugunsten der «Manualtreue» vertröstet werden.

- **Übungen für zuhause** besprechen
- **Abschlussblitzlicht**
  «Was nehmen Sie von der heutigen Sitzung mit?»
  «Was blieb offen bzw. kam zu kurz und sollte das nächste Mal aufgegriffen werden?»

Erste Sitzung

Die folgenden Vorschläge für die Gestaltung der ersten Sitzung orientieren sich an der Durchführung im Gruppensetting.

Vorbereitung

- Flipchart mit Überschrift «Erwartungen»
- Teilnehmerunterlagen: Vordruck «Stalkingtagebuch».

Ziele der Sitzung

- Vorstellung der Teilnehmerinnen
- Erwartungen klären
- Angebote vorstellen
- Stalkingtagebuch erläutern
- «Fahrplan» festlegen.

Begrüßung und Vorstellung

Begrüßung der Teilnehmerinnen durch die Moderatorin

- Moderatorin und evtl. Co-Moderatorin stellen sich vor.

Die Teilnehmerinnen stellen sich vor

- Name, einige Infos zur Person, etwas Positives das nichts mit Stalking zu tun hat (z. B. Hobby, Lieblingsurlaubsziel usw.)
- Stalking-Situation beschreiben
- Welche Erwartungen haben Sie an diese Gruppe?
  → Moderatorin notiert Erwartungen an Flipchart.

Folgende Informationen sollten von den Teilnehmerinnen während der Vorstellungsrunde erfragt werden, falls diese nicht genannt wurden:

- Haben Sie dem Stalker mitgeteilt dass Sie keinen Kontakt mehr wollen?
- Wie ist die rechtliche Situation? Läuft ein Verfahren?
- An welche Stellen haben Sie sich gewandt um Unterstützung zu bekommen (z. B. Polizei, Anwalt, Weisser Ring etc.)?

Angebote vorstellen

Nach der Begrüßung und der Vorstellungsrunde sollten die wichtigsten Module des Programms kurz vorgestellt werden, um den Teilnehmerinnen einen Überblick über den Verlauf der Gruppe zu ermöglichen. Die Erwartungen der Teilnehmerinnen, die vorher auf Flipchart notiert wurden, werden dabei mit den Interventionen des Manuals abgeglichen.

Falls es Punkte gibt, die nicht durch die Programm-Module abgedeckt werden, sollte darauf eingegangen werden ob und in welchem Umfang diese zur Sprache kommen werden.

Therapeutin: «Zunächst möchte ich Ihnen die Themen vorstellen, die im Verlauf der Gruppensitzungen behandelt werden. Ich denke, dass die Themen vieles von dem, was Sie an Vorschlägen und Wünschen für unsere Sitzungen eingebracht haben, abdecken werden.

Zu Beginn werden wir mit dem Thema «**Günstiges und ungünstiges Verhalten**» *(→ vgl. Modul S. 85ff)* noch einmal vertiefend auf die Frage eingehen, wie Sie grundsätzlich für sich klären können, ob Ihr Verhalten gegenüber dem Stalker günstig oder weniger günstig ist. Ein bisschen was dazu haben Sie ja bereits im Erstgespräch erfahren. Es soll jedoch nicht nur besprochen werden, welche Verhaltensweisen gegenüber dem Stalker günstig oder ungünstig sind, sondern auch in Bezug auf Sie selbst. Hier werden wir uns der Frage widmen, was Ihnen in dieser belastenden Situation gut tut, was hilfreich für Sie ist und Sie stärkt und wie Sie es verhindern können, sich selbst durch ungünstiges Verhalten zusätzlich zu belasten. Als Beispiel wäre das Sicherheitsverhalten zu nennen: Welche Sicherheitsvorkehrungen sind sinnvoll, also welche schützen Sie, welche beruhigen Sie und welche schränken Sie ein oder lassen Ihre Angst größer werden?

... Als nächstes werden wir mit der «**Bewältigung belastender Stalking-Situationen**» *(→ vgl. Modul S. 99ff)* ganz konkret auf einzelne Stalking-Situationen eingehen: Was machen Sie, wenn Sie mit dem Stalker konfrontiert werden? Wie verhalten Sie sich genau? Zur Klärung dieser Fragen werden wir in Rollenspielen bestimmte Situationen nachspielen, damit Sie günstiges Verhalten einüben und in der realen Situation besser umsetzen können. Mit der Stressimpfung konzentrieren wir uns v. a. auf Ihre Gedanken. Wir werden hilfreiche Gedanken in Sätze formulieren, die Sie sich in schwierigen Situationen selbst sagen und die Ihnen helfen sollen, sich so zu verhalten wie Sie das möchten.

Bei der «**Bearbeitung dysfunktionaler Gedanken**» *(→ vgl. Modul S. 109ff)* werden wir Gedanken identifizieren, die für Sie nicht hilfreich sind und versuchen, konstruktivere Gedanken entgegenzusetzen. Vielleicht haben Sie bei sich bereits einige negative Gedanken bemerkt. Solche Gedanken können auf Dauer ziemlich belastend sein. Förderliche Alternativgedanken sollen dieser Belastung entgegenwirken. Zudem sollen verschiedene Übungen helfen, kreisende belastende Gedanken zu unterbrechen.

Das Thema «**Umgang mit belastenden Emotionen**» *(→ vgl. Modul S. 119ff)* zielt darauf ab, verschiedene belastende Emotionen zu thematisieren und zu erarbeiten, wie die emotionale Belastung durch den Einsatz verschiedener Techniken so gering wie möglich gehalten werden kann.

Ferner werden wir uns dem «**Aufbau angenehmer Aktivitäten**» *(→ vgl. Modul S. 137ff)* widmen, um einen Ausgleich zur belastenden Stalkingsituation zu schaffen.

Das Thema «**Selbstkonzept/Opferrolle**» *(→ vgl. Modul S. 133ff)* setzt an der Unterscheidung zwischen «Opfer sein» und dem «sich Begeben in eine Opferrolle» an.

Die «**Abschlusssitzung**» *(→ vgl. S. 141ff)* soll am Ende Raum geben, offen gebliebene Fragen zu diskutieren und Bilanz zu ziehen, was in der gemeinsamen Arbeit erreicht wurde, was hilfreich war und was Sie vielleicht vermisst haben.

Grundsätzlich gilt für unsere Sitzungen, dass Aktuelles, das Sie mitbringen, immer Vorrang hat. Aktuelle Probleme und Fragen, die Sie haben, werden wir versuchen, gleich zu Beginn einer Sitzung zu klären ohne die soeben vorgestellten Inhalte aus dem Auge zu verlieren.»

Stalking-Tagebuch

Das Stalking-Tagebuch *(Anhang A6)* wird zuhause, parallel zu den Sitzungen, bearbeitet.

Mithilfe des Stalking-Tagebuchs sollen häufig auftretende oder besonders belastende Situationen, die die Klientinnen gerne bearbeiten möchten, im Sinne einer Selbstbeobachtung näher beleuchtet werden.

Neben der Situation selbst («Was passiert?» z. B. die Betroffene erhält eine SMS vom Stalker oder der Stalker verfolgt die Betroffene in der Stadt) soll die Betroffene ihr eigenes Verhalten als Reaktion auf die Belästigung sowie ihre Gedanken und Gefühle, die mit dieser Situation einhergehen, notieren (Beispiel auf S. 83). Die Notizen der Teilnehmerinnen stellen eine kurze Form der Situationsanalyse dar und bilden die Grundlage für die späteren Module (z. B. günstiges vs. ungünstiges Verhalten, Bearbeitung dysfunktionaler Gedanken, Umgang mit belastenden Emotionen). Den Hintergrund für die Durchführung von Situationsanalysen bildet die gegenseitige Beeinflussung von Denken, Fühlen und Verhalten, die anhand eines «Dreiecks» (**Abb. 1**) veranschaulicht werden kann (vgl. Hautzinger, 2000).

Anhand dieses Dreiecks kann den Betroffenen vermittelt werden, dass an allen drei Ebenen (Verhalten, Gedanken und Gefühle) angesetzt werden kann, um eine Veränderung zu erreichen.

Dies kann an einem «stalkingfernen» Beispiel erklärt werden:

> «Ich hatte mir vorgenommen zu joggen, bleibe aber auf der Couch sitzen und schaue Fernsehen (Verhalten), mache mir Vorwürfe und denke ich habe mal wieder versagt (Gedanken), bin enttäuscht und ein bisschen traurig (Gefühle), hole mir eine Tafel Schokolade die ich auch gleich esse (Verhalten), denke daran wie ich meiner Figur schade (Gedanken), fühle mich danach nur noch mieser (Gefühle) usw.»

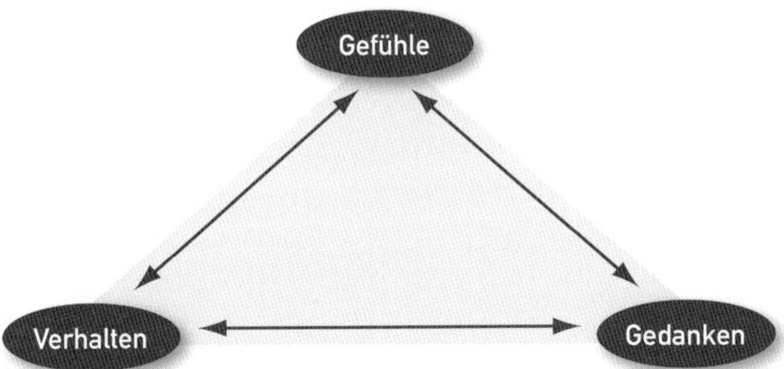

Abbildung 1: Gefühle, Gedanken und Verhalten beeinflussen sich gegenseitig.

Am Ende der ersten Sitzung wird das Stalking-Tagebuch ausgeteilt und dessen Bedeutung kurz erläutert:

Therapeutin: «Beim Führen des Stalking-Tagebuchs geht es nicht darum, alle Stalking-Vorfälle lückenlos zu dokumentieren. Eine vollständige Dokumentation der Belästigungen mit Datum, Uhrzeit, Art der Belästigung (z. B. 12.05.08, 18.15 Uhr, Nachricht auf Anrufbeantworter) wird häufig –zumindest für einen begrenzten Zeitraum – als Nachweis im Rahmen von zivil- oder strafrechtlichen Verfahren gefordert. Dagegen zielt das Stalking-Tagebuch darauf ab, einige «typische» Stalking-Situationen auszuwählen und die damit verbundenen eigenen Reaktionsmuster zu beobachten. Es können auch Situationen ausgewählt werden, die Sie besonders belasten oder die Sie befürchten. Bitte tragen Sie in die jeweiligen Spalten kurz die Situation und ihre Gefühle und Gedanken sowie ihr Verhalten in dieser Situation ein und bringen Sie das Tagebuch mit Ihren Eintragungen zu jeder Sitzung mit. Das Tagebuch soll Ihnen dabei helfen, sich selbst in Ihren Reaktionen zu beobachten, um anschließend feststellen zu können, welche Alternativen es auf den drei Ebenen «Verhalten, Gedanken und Gefühle» gibt. Diese Alternativen werden wir dann ab der nächsten Stunde immer wieder erarbeiten und hinsichtlich ihrer Vor- und Nachteile abwägen.»

Ausblick

Am Ende der ersten Sitzung sollte den Teilnehmerinnen ein Ausblick gegeben werden, was in der nächsten Sitzung gemacht wird.

- → In der Regel erfolgt der Einstieg mit dem **Modul «Günstiges und ungünstiges Verhalten»** mit der Vertiefung des Themas «Wie lernt der Stalker» (Prinzip der Operanten Konditionierung) und der Frage, welches Verhalten der Betroffenen für sie selbst sinnvoll und unterstützend ist.
- → Dafür können bereits die Aufzeichnungen aus dem Stalking-Tagebuch genutzt werden.

4.1 Was ist bei der ersten Sitzung zu beachten?

Entlasten und aktiv von Schuld freisprechen

Viele Betroffene geben sich selbst die Schuld oder eine Teilschuld daran, dass sie gestalkt werden. Das Gefühl der Ambivalenz gegenüber dem Stalker (das sich z. B. in erneuten Beziehungsversuchen nach der Trennung, unentschlossen wirkendem Verhalten wie z. B. der Gewährung mehrerer «letzter Chancen» etc. widerspiegeln kann) tritt häufig auf, insbesondere dann, wenn es sich um Ex-Partner-Stalking handelt.

Hier sollte den Betroffenen vermittelt werden, dass ambivalente Reaktionen insbesondere im Fall von Ex-Partner-Stalking nicht ungewöhnlich sind und keinesfalls den Stalker von seinen Taten lossprechen. Stalking ist eine Straftat und als solche gibt es nur eine Richtung: Einen Täter, der das Opfer belästigt und bedroht. Diese Schuld des Täters wird nicht durch das Verhalten des Opfers relativiert – auch wenn das Verhalten des Opfers den weiteren Verlauf des Stalkings beeinflussen kann. Hierbei ist es wichtig, dass die Beraterin einen klaren Standpunkt bezieht – in puncto «Schuld» ist also aus therapeutischer Sicht ein direktives Vorgehen erforderlich.

Hoffnung auf Veränderung vermitteln

Die eigene Geschichte zu erzählen und die Erlebnisse der anderen Betroffenen zu hören wird von einigen Teilnehmerinnen als belastend erlebt. Manche Gruppenteilnehmerinnen befürchten daher nach der ersten Sitzung, dass die Gruppe sie nicht stärken, sondern eher zusätzlich belasten könnte. Daher ist es wichtig, die Ausführungen der Teilnehmerinnen während der Vorstellungsrunde zu begrenzen.

Den Klientinnen sollte außerdem vermittelt werden, dass es bisherigen Gruppenteilnehmerinnen erfahrungsgemäß gut gelungen ist, durch den Erfahrungsaustausch mit anderen Betroffenen eigene Handlungsspielräume zu erkennen und zu nutzen und mit belastenden Stalking-Situationen besser zurecht zu kommen. Zwar beschäftigen sich die Betroffenen durch die Gruppenteilnahme zunächst noch mehr mit der Stalking-Problematik – was belastend sein kann –, jedoch wird darauf geachtet, dass sich die Teilnehmerinnen nicht zu sehr mit dem Stalker, sondern vor allem mit sich selbst beschäftigen: Was brauche ich? Wie kann ich wieder mehr Handlungsspielraum zurückgewinnen? Wie gelingt es mir, mein Leben nicht mehr um den Stalker herum zu organisieren und selbstbestimmter zu leben?

Emotionale Belastung gering halten

Aus o. g. Gründen sollte die erste Sitzung nicht zum größten Teil aus den Erfahrungsberichten der Betroffenen bestehen. Falls Betroffene sehr detailliert erzählen oder weit ausholen, sollte darauf hingewiesen werden, dass in den kommenden Sitzungen genügend Zeit sein wird um die verschiedenen Aspekte zu beleuchten.

Bei unklarer emotionaler Belastung der Klientinnen besteht die Möglichkeit am Ende der Sitzung ein «emotionales Barometer» einzusetzen, auf dem die Klientinnen ihre Stimmung einordnen sollen, z. B. in Form von Smilies (→ an Flipchart malen, Teilnehmerinnen sollen ihr derzeitiges Befinden einem der drei Smilies zuordnen).

Es kann auch eine Stimmungseinschätzung jeweils zu Beginn und am Ende der Sitzung vorgenommen werden, der dann auch Veränderungen entnommen werden können oder es kann direkt nachgefragt werden («Hat sich etwas verändert zwischen der Zeit als Sie ankamen und jetzt?»). Hat im Verlauf eine Stimmungsverschlechterung stattgefunden sollte den Teilnehmerinnen vermittelt werden, dass dies in der ersten Sitzung der Fall sein kann, sich das im Verlauf der weiteren Sitzungen jedoch verändern wird, da der Fokus auf Veränderungsmöglichkeiten und Selbsthilfemaßnahmen liegen wird.

Bei emotional stark belasteten Klientinnen sollte ein kurzes Einzelgespräch angeschlossen werden.

Stalking-Tagebuch (Beispiele von Betroffenen)

Datum	Konkreter Vorfall	Gedanken	Gefühle	Verhalten
	Ich sehe den Stalker in der Stadt beim Einkaufen	«Er kann mir nichts anhaben» «Ich mache meine Erledigungen so wie ich es mir vorgenommen habe»	Erst etwas nervös, dann beruhigt	Ich reagiere nicht auf ihn, ignoriere ihn und erledige meinen Einkauf wie geplant

Datum	Konkreter Vorfall	Gedanken	Gefühle	Verhalten
	Ich treffe den Stalker «zufällig» in der Stadt (er beobachtet mich)	«Warum ich? Warum macht er das?» «Wann lässt er mich endlich in Ruhe?» «Was wird er noch tun? Wie weit wird er gehen?»	Anspannung, Angst Wut, Verzweiflung Resignation	Mache einen Bogen um ihn, ignoriere ihn, tue so als ob ich ihn nicht bemerke, rede mit anderen Menschen und versuche «cool» zu wirken

Datum	Konkreter Vorfall	Gedanken	Gefühle	Verhalten
	Stalker ruft an, heult ins Telefon, spricht von Selbstmord, er bereut alles, ist so unglücklich	«Ich bin der Grund dafür dass es ihm so schlecht geht» «Ich bin herzlos weil ich mich nicht um ihn kümmere"»	Schuldgefühle, Angst um ihn	Konnte nicht einfach auflegen so wie sonst, habe versucht ihn zu beruhigen

Modul: Günstiges und ungünstiges Verhalten

In diesem Modul werden die Verhaltensweisen der Betroffenen unter den Aspekten:

- Wie wirkt mein Verhalten auf den Stalker und sein Verhalten zurück («**Wie lernt der Stalker?**»)

sowie

- Welche Verhaltensweisen sind für mich günstig und weniger günstig hinsichtlich des eigenen Befindens und der Lebensgestaltung («**Verhaltensanalyse: Welches Verhalten ist für mich günstig**»)

beleuchtet.

Dadurch werden die in der Erstberatung vermittelten Inhalte bezüglich günstiger Verhaltensstrategien im Umgang mit Stalking vertieft und erweitert.

Wie lernt der Stalker?

Ziele der Sitzung

Die Klientin soll erkennen, dass

- es viele Möglichkeiten gibt mit dem Stalker umzugehen. Sie hat eine Wahl und entscheidet sich für ein Verhalten. Dadurch wird die erlebte Selbstwirksamkeit der Betroffenen gestärkt und sie fühlt sich weniger ausgeliefert.
- eine Reaktion auf die Belästigung den Stalker in seinem Verhalten verstärkt, während *konsequentes* ausnahmsloses Ignorieren der Kontaktangebote und Belästigungen die Wahrscheinlichkeit erhöht, dass das Stalkingverhalten «gelöscht» wird.

Flipchart

- Überschrift : «**Verhalten bei Stalking**»

Therapeutin: «**Wie verhalten Sie sich, wenn Sie mit dem Stalker konfrontiert werden?**» (sammeln)

«**Welche Reaktionen sind noch denkbar?**»

→ Die Klientinnen sollen Beispiele nennen, egal ob das Verhalten vermeintlich «gut» oder «schlecht» ist. Auch Verhaltensweisen, die noch nicht ausprobiert wurden oder abwegig erscheinen, können genannt werden.

Ziel ist es, durch ein spontanes «Brainstorming» ein möglichst breites Repertoire an möglichen Verhaltensweisen zu sammeln.

Beispiele für Verhalten als Reaktion auf die Belästigungen:

- einen großen Bogen um ihn machen, wenn ich ihn sehe
- schreien
- mich wehren
- drohen
- Polizei holen
- ignorieren
- mit ihm diskutieren
- Telefon abheben, nichts sagen, auflegen.

Therapeutin: **«Was will der Stalker erreichen?**

«Was ist sein Ziel?»

→ Klientinnen vermuten unterschiedliche Motive für das Stalkingverhalten, z. B. Rache, Macht, Kontrolle ausüben, Beziehungssuche, Liebe, Hass, gekränkter Stolz, Eifersucht usw. Meist kann über die zugrunde liegenden Motive nur spekuliert werden, da der Stalker mehrere Motive haben kann und diese sich auch ändern können.

→ Motive ebenfalls auf Flipchart notieren

Therapeutin: **«Was ist allen Stalkern gemeinsam?»**

→ es soll herausgestellt werden, dass trotz der unterschiedlichen Motive und verschiedenen Formen der Belästigung Stalking eine Annäherung des Stalkers gegenüber dem Opfer beinhaltet, Stalking demnach als Versuch der **Kontaktaufnahme** gesehen werden kann.

Therapeutin: **«Welches Verhalten bringt den Stalker seinem Ziel – Kontaktaufnahme – näher?»**

«Welche Ihrer Verhaltensweisen unterstreichen Ihre Absicht, keinen Kontakt mehr mit dem Stalker zu wollen?»

Die Klientinnen sollen erkennen, dass eine Reaktion auf die Belästigungen den Stalker in seinem Verhalten verstärkt. Dadurch wird das Lernprinzip der Operanten Konditionierung erarbeitet, das bereits in der Erstberatung theoretisch vermittelt worden war.

→ Die auf dem Flipchart «Verhalten bei Stalking» notierten Verhaltensweisen werden Punkt für Punkt besprochen und nach folgendem Maßstab bewertet:

- Reaktionen, die einen Kontakt zum Stalker herstellen werden als *«ungünstig»* bewertet und können farblich rot markiert werden (z. B. «Stalker die Meinung sagen»).
- Verhaltensweisen, die zu keiner Kontaktaufnahme führen und den Stalker im Unklaren darüber lassen, was die Belästigung beim Opfer bewirkt, werden als *«günstig»* bewertet und können farblich grün markiert werden (z. B. wortlos Telefon auflegen).

Bei erfolgreicher Absolvierung dieses Moduls haben Stalking-Opfer ein vertieftes Verständnis für die psychologischen Hintergründe der – vielen bereits vorher bekannten – Regel «den Stalker konsequent ignorieren» erlangt.

Dazu ist es wichtig, die Sitzung nicht im Sinne einer theoretischen Wissensvermittlung abzuhalten; vielmehr sollten sich die Betroffenen selbst das Prinzip der Operanten Konditionierung erarbeiten. Die Erarbeitung erfolgt durch die oben beschriebenen Fragen im Sinne eines Sokratischen Dialogs. Diese konkrete Lernerfahrung macht es wahrscheinlicher, dass die zentrale «Anti-Stalking-Regel» des konsequenten Ignorierens des Stalkers in vielen Situationen generalisiert zur Anwendung kommt.

Verhaltensanalyse: Welches Verhalten ist für mich günstig?

Während sich der vorangegangene Abschnitt «Wie lernt der Stalker?» der Frage widmet, welches Verhalten der Betroffenen eine Verstärkung für den Stalker darstellt, wird hier das Augenmerk auf die **Konsequenzen für die Betroffene selbst** gelegt – also z. B. auf ihr Wohlbefinden und ihre Tagesgestaltung.

Manche Verhaltensweisen haben keine direkte Auswirkung auf das Verhalten des Stalkers, da er sie nicht mitbekommt, können u.U. dennoch «ungünstig» für die Betroffene sein, da sie sich dadurch schlecht fühlt, von wichtigen Bezugspersonen zurückzieht oder ihre Arbeit oder andere Pflichten vernachlässigt.

Selbstverständlich wird die zentrale «Anti-Stalking-Regel», dass das Verhalten der Betroffenen keine Verstärkung für das Verhalten des Täters im Sinne einer Kontakterwiderung darstellen soll, immer berücksichtigt, wenn es um die Beurteilung eines Verhaltens als «günstig» oder «ungünstig» geht.

Verhaltensanalyse

Belastende Situationen (vgl. z. B. Aufzeichnungen im Stalking-Tagebuch) werden anhand des sog. **SORKC-Schemas** (Kanfer & Saslow, 1965) analysiert (S: situative Bedingungen, O: Organismus-Variable, R: Verhalten (Reaktion), K: Kontingenz, C: Konsequenz).

Durch die Verhaltensanalyse wird deutlich, welche Reaktionen bei der Betroffenen auf der Verhaltensebene, auf der Ebene der Gedanken und Gefühle sowie auf körperlicher Ebene erfolgen. Diese Analyse kann z. B. auch genutzt werden um dysfunktionale Gedanken zu identifizieren und zu bearbeiten (vgl. S. 109ff.).

Die *Organismus-Variable* (O-Variable) enthält biologisch-physiologische oder psychosoziale Faktoren, die die Reaktion einer Person beeinflussen (z. B. bestimmte Grundüberzeugungen, ein eingeschränktes Verhaltensrepertoire aufgrund körperlicher Einschränkungen oder eine bestimmte Persönlichkeitsstruktur). Die Analyse der zur Organismus-Variable gehörigen Faktoren nimmt erfahrungsgemäß in der Verhaltenstherapie einige Zeit in Anspruch und würde im Gruppensetting den zeitlichen Rahmen übersteigen und von dem primären Ziel, auf die Bewältigung konkreter Stalking-Situationen zu fokussieren, wegführen. Daher wird hier auf die Analyse und Darstellung der sog. «O-Variable» verzichtet.

Werden die Interventionen im Rahmen einer Einzelpsychotherapie durchgeführt, kann die Berücksichtigung der Organismus-Variable jedoch einen wertvollen Beitrag zum Verständnis der Handlungsmotive der Betroffenen leisten:

■ Beispiel

Eine Frau mit einem niedrigen Selbstwertgefühl (O-Variable), einer dependenten Persönlichkeitsstruktur (O-Variable) und Angst vor dem Alleinsein (O-Variable), wird weniger klare Grenzen ziehen und sich von ihrem Ex-Partner leichter Schuldgefühle einreden lassen als eine Frau mit einem «gesunden» Selbstwertgefühl. Sie wird möglicherweise eigene Bedürfnisse eher zugunsten derer des Stalkers (z. B. nach einem weiteren «klärenden» Gespräch) zurückstellen als eine Frau ohne dependente Persönlichkeitsstruktur. Schließlich wird sie aus Angst vor dem Alleinsein eher dazu tendieren, sich wieder auf den Stalker einzulassen als eine Frau, die sich zutraut, alleine bzw. ohne Partner zurecht zu kommen.

Auf die Darstellung der *Kontingenz* (Art der Verstärkung oder Bestrafung) wird hier zur Vereinfachung ebenfalls verzichtet, stattdessen werden nach den Konsequenzen die Symbole + und – gesetzt, um anzuzeigen, ob es sich für die Klientin um eine positive oder eine negative Konsequenz handelt. Diese Vereinfachung kann von den Klientinnen leichter verstanden und in den Alltag transferiert werden.

Zentral sind in der Verhaltensanalyse die **Konsequenzen**, die aus der Reaktion der Betroffenen erfolgen. Positive Konsequenzen dienen als Verstärker des Verhaltens (= das Verhalten **aufrechterhaltende Bedingungen**). Gleichzeitig zieht das Verhalten für die Betroffene ggf. auch negative, unerwünschte Konsequenzen nach sich. Die **kurz- und längerfristigen** positiven und negativen Konsequenzen des Verhaltens werden analysiert und dienen als Grundlage dafür, ob die Klientin ihr Verhalten als «günstig» oder «ungünstig» bewertet.

Dies bedeutet, dass es – mit Ausnahme einiger zentraler Anti-Stalking-„Regeln» (s. o.) – kein von vornherein «gutes» oder «schlechtes» Verhalten gibt, sondern im individuellen Fall jeweils die Konsequenzen betrachtet werden sollten.

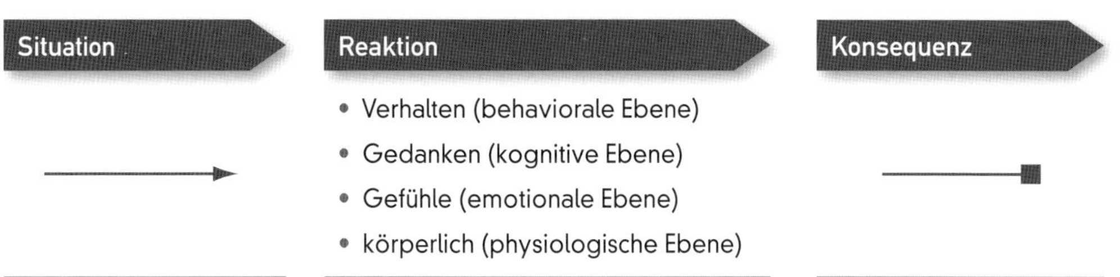

Abbildung 2: Schematische Darstellung einer Verhaltensanalyse

In diesem Zusammenhang erleben es Betroffene häufig als entlastend, dass ihr scheinbar «sinnloses» Verhalten («So habe ich mich doch früher nicht verhalten ...») eine Funktion hat, die – zumindest kurzfristig – positive Auswirkungen hat und dieses Verhalten aufrechterhält.

■ Beispiel 1a

Frau A. wird von ihrem Nachbarn belästigt und vermeidet es in ihren Garten zu gehen aus Angst, von ihrem Nachbarn beschimpft zu werden.

Situation	Reaktion	Konsequenzen
Ich muss in den Garten gehen, um zu gießen	• **Verhalten:** Ich schicke meinen Mann in den Garten und bleibe im Haus • **Gedanken:** «Ich bin hier sicher», «Ich lasse mich in meinem eigenen Haus einsperren» • **Emotion:** erst beruhigt, dann Wut	Begegnung mit Nachbar wird vermieden → **kurzfristig** Erleichterung (+) und ein Gefühl der Sicherheit (+), jedoch eingeschränkter Bewegungsspielraum (–) **mittelfristig** erhöhte Wachsamkeit (–), Angst (–)

Anmerkung: + kennzeichnet für die Klientin positive Konsequenzen, die aus ihrem Verhalten resultieren, – bezeichnet negative, unerwünschte Konsequenzen.

→ die Verhaltensanalyse zeigt, dass Frau A. ihr Ziel – Ruhe vor dem Stalker zu haben und ihre Angst zu reduzieren – nicht erreicht. Aufrechterhalten wird ihr Vermeidungsverhalten durch das **unmittelbar** erlebte Gefühl der Sicherheit, das jedoch immer nur kurze Zeit anhält. **Mittel- bzw. langfristig** löst ihr Vermeidungsverhalten aufgrund der selbst auferlegten Einschränkungen das Gefühl aus, sich nicht frei bewegen zu können, sondern sich vorsehen zu müssen. Dadurch steigt ihre Wachsamkeit und ihre Angst nimmt zu.

■ Beispiel 2

Frau D. trifft sich am Abend mit einer Freundin und spricht mit ihr den ganzen Abend über die Stalking-Situation.

Situation	Reaktion	Konsequenzen
Ich sitze mit einer Freundin abends im Restaurant	• **Verhalten:** Ich spreche den ganzen Abend vom Stalker, seinem Verhalten, meinen Ängsten • **Gedanken:** «Endlich kann ich mal wieder über alles reden», «Ich weiß nicht, ob sie mich versteht, sie hat es ja selbst nicht durchgemacht» • **Emotion:** aufgewühlt, angespannt	**Kurzfristig** Erleichterung, darüber reden zu können (+) **Mittelfristig** Belastung aufgrund der anhaltenden gedanklichen Beschäftigung mit dem Thema (–); Belastung aufgrund des Gefühls, nur eingeschränkt verstanden zu werden (–) Kein Abschalten vom Thema Stalking möglich, daher keine Entspannung (–)

Hier zeigt die Unterscheidung zwischen kurz- und mittelfristigen Konsequenzen, dass das Verhalten im zeitlichen Verlauf unterschiedliche Konsequenzen für die Betroffene hat. Die Unterscheidung zwischen den kurz- und den mittel- bis langfristigen Konsequenzen gilt es den Betroffenen zu vermitteln, so dass sie diese zukünftig selbst treffen können.

Die Erkenntnis, dass kurzfristig erleichterndes Verhalten mittelfristig negative Konsequenzen für sie haben kann, soll den Betroffenen dabei helfen alternative Verhaltensweisen zu erarbeiten, die kurzfristig oft schwerer zu ertragen sind, langfristig jedoch zu einer Besserung des Befindens und der Situation beitragen.

Dies soll mit folgendem Beispiel verdeutlicht werden:

■ Beispiel 1b

Siehe oben alternatives Verhalten Frau A.:

Situation	Reaktion (Alternativreaktion)	Konsequenzen
Ich muss in den Garten gehen um zu gießen	• **Gedanken:** «Es fällt mir schwer, aber ich gehe jetzt raus, um die Blumen zu gießen. Wenn er wieder dasteht und mich beschimpft, werde ich ihn ignorieren.» • **Verhalten:** Ich gehe in den Garten und gieße die Blumen. (Der Nachbar ist nicht da) • **Emotion:** erst ängstlich, dann erleichtert	Begegnung mit Nachbar wird in Kauf genommen, bleibt jedoch aus → **kurzfristig** Angst vor Begegnung (–) **mittelfristig** Erleichterung (+) und das Gefühl, dass es sich lohnt sich nicht einschränken zu lassen (+), neuer Mut (+), Angst reduziert sich (+)

Da die kurzfristigen Konsequenzen im Allgemeinen handlungsbestimmender sind, passiert es häufig, dass Betroffene an ungünstigem Verhalten festhalten. Werden die Betroffenen für diese Verhaltenstendenz sensibilisiert, kann ihnen das helfen, bisher praktizierte Verhaltensweisen in Frage zu stellen und verstärkt auf die mittel- und langfristigen Konsequenzen ihres Handelns zu achten.

Sicherheitsverhalten

Manchmal sind Stalking-Opfer der Ansicht, alles was sie für ihre eigene Sicherheit tun sei grundsätzlich «gut». Auch wenn die Sicherheit der Betroffenen bei einem hohen Gefährdungsrisiko höchste Priorität hat und Sicherheitsmaßnahmen oft unabdingbar sind, gibt es dennoch «günstiges» und «ungünstiges» Sicherheitsverhalten.

Wie alle Verhaltensweisen kann auch das Sicherheitsverhalten der Betroffenen einer Situationsanalyse unterzogen werden, um so evtl. «dysfunktionale» Sicherheitsmaßnahmen aufzudecken.

Dies kann anhand folgender Fragen erarbeitet werden:

- **«Welche Sicherheitsvorkehrungen gibt es?»**
- **«Was gibt mir Sicherheit?»**
  - Welche davon sind sinnvoll, schützen mich?
  - Welche schränken mich ein? (z. B. jeden Tag mehrere Stunden damit verbringen, die Bänder der Überwachungskamera anzusehen)
  - Welche sind potenziell gefährlich und daher nicht zu empfehlen? (z. B. Pfefferspray).

■ Beispiel 3

Frau F. zieht es vor, alleine im Wald mit dem Hund spazieren zu gehen als um den Häuserblock, wo sie dem Stalker bisher begegnete.

Situation	Reaktion	Konsequenzen
Ich möchte mit meinem Hund Gassi gehen	• **Gedanken:** «Wenn ich um den Häuserblock gehe, begegne ich sicher wieder dem Stalker.» «Ich muss an einen Ort fahren, an dem er mich nicht findet.» • **Emotion:** Angst, Stalker zu begegnen • **Verhalten:** Ich fahre mit dem Auto an einen Waldweg und führe meinen Hund dort aus.	Begegnung mit Stalker wird vermieden (+) Gefühl der Erleichterung (+) Sicherheitsrisiko: Im Wald ist die Betroffene alleine und kann keine Hilfe holen! (–)

Frau F. fürchtet einen Übergriff des Stalkers. Den Aspekt, dass ihr Verhalten – das Gassi gehen mit ihrem Hund an einem einsam gelegenen Waldweg –, das bisher kurzfristig entlastend war (da sie dem Stalker dort noch nie begegnet ist und glaubt vor ihm sicher zu sein), ein Sicherheitsrisiko birgt, hatte die Betroffene bis dato nicht bedacht. Auch wenn die Wahrscheinlichkeit, dem Stalker zu begegnen, in der Umgebung ihrer eigener Wohnung höher ist, ist sie dort doch sicherer, da Menschen auf der Straße sind, die sie im Notfall zur Hilfe rufen kann, während sie im Wald ganz alleine ist. Frau F. entscheidet sich für eine Verhaltensänderung und geht mit ihrem Hund nun mehr «um den Häuserblock» spazieren. Im Rollenspiel übt sie, wie sie sich bei einer potenziellen Begegnung mit dem Stalker verhält.

Unterscheidung zwischen kurzfristigen und langfristigen Konsequenzen

■ Beispiel 4a

Der Stalker schreibt täglich auf seiner Profilseite in einem Internet-Kontaktforum subtil bedrohliche Nachrichten, die zwar bewusst allgemein formuliert, jedoch an das Stalking-Opfer (Frau G.) gerichtet sind. Aus Angst, es könnte etwas Bedrohliches auf der Seite stehen, das sie warnen könnte, ruft Frau G. mindestens 10 mal täglich seine Seite auf und überprüft sie auf neue Nachrichten.

Situation	Reaktion 1	Konsequenzen
Ich sitze vor dem PC und bin kurz davor nachzusehen, ob neue bedrohliche Nachrichten auf seiner Website zu finden sind.	• **Gedanken:** «Ich muss wissen was er vor hat. Dann bin ich sicher.» • **Emotion:** Angst, Unsicherheit • **Verhalten:** Kontrollieren der Website	**Kurzfristig:** Erleichterung, dass ich nachgesehen habe und nun Bescheid weiß → «Scheinsicherheit» (+) **Mittelfristig:** Angst wegen neuer, diffus bedrohlicher Nachricht (–), Sorge, was als nächstes kommt (–), Gefühl, sich ständig absichern zu müssen → Abhängigkeit (–), Stalker spielt seine Macht aus (–)

■ Beispiel 4b

Alternatives Verhalten (Frau G.):

Situation	Reaktion 2 (Alternativreaktion)	Konsequenzen
Ich sitze vor dem PC und bin kurz davor nachzusehen, ob neue bedrohliche Nachrichten auf seiner Website zu finden sind.	• **Gedanken:** «Genau das will er doch: dass ich mich den ganzen Tag mit ihm beschäftige und Angst vor ihm habe. Den Gefallen tue ich ihm jetzt nicht mehr.» • **Verhalten:** Gehe nicht auf seine Seite, sondern mache den PC aus und verabrede mich mit einer Freundin auf einen Kaffee. • **Emotion:** zunächst Anspannung, Sorge und Angst, dann Erleichterung.	**Kurzfristig** empfindet die Betroffene Anspannung (–) und Angst (–) aus der Sorge heraus, der Stalker könnte eine «wichtige Nachricht» geschrieben haben, bei deren Nichtbeachtung sie Gefahr laufen könnte, dass ihr etwas passiert, **mittelfristig** jedoch geht es ihr deutlich besser, weil sie sich ablenkt (+) und das Treffen mit ihrer Freundin genießt (+). Dadurch gewinnt sie an entlastender Distanz zum Stalkinggeschehen (+).

Dieses Beispiel verdeutlicht, dass Frau G. durch das häufige tägliche Kontrollieren der Website des Stalkers subjektiv eine Sicherheit erlebt, die real jedoch nicht gegeben ist. Erstens könnte sie der Stalker auch ohne Ankündigung jederzeit belästigen, zweitens bleibt er in seinen Nachrichten stets bei diffusen, subtil bedrohlichen Aussagen, auf deren Grundlage Frau G. nichts Konkretes zu ihrem Schutz unternehmen kann.

In Fällen, in denen der Stalker konkrete Taten ankündigt, die er dann auch umsetzt, sollten seine Nachrichten allerdings gelesen werden. Hier kann es das Opfer entlasten, wenn eine dritte (möglichst unbeteiligte) Person die Nachrichten liest und das Opfer nur über die relevanten Informationen informiert.

■ Hausaufgabe

Jede Klientin sammelt auf einem Arbeitsblatt mit zwei Spalten die Verhaltensweisen, die sie für sich persönlich als «günstig» und «ungünstig» identifiziert hat *(Beispiele zur Illustration auf S. 97).*

Welche Verhaltensweisen im Umgang mit Stalking und dem Stalker sind für mich günstig und welche sind ungünstig?

Beispiele von Betroffenen

Günstige Verhaltensweisen	Ungünstige Verhaltensweisen
Nicht auf Belästigung reagieren, ignorieren	Mit dem Stalker reden und versuchen ihm klar zu machen dass sein Verhalten keinen Sinn hat und er aufhören muss
Mich mit Menschen und Dingen umgeben, die mir Kraft geben	Den Spieß umdrehen und ihn auch beschimpfen oder beleidigen
Eigene Schwachpunkte erkennen und daran arbeiten	Ihm bitterböse Blicke zuwerfen, damit er merkt, dass es mir ernst ist
Ausgehen, mich mit Freunden treffen	Nicht mehr aus dem Haus gehen
Stalker nicht merken lassen, wie ich mich fühle, keine Angriffsfläche bieten	Neue Kontakte sofort abblocken
Meine üblichen Aktivitäten aufrecht erhalten	Stalker gegenüber Emotionen zeigen
Mit Freunden und Bekannten über meine Probleme und Ängste sprechen	Meinen Alltag um den Stalker herum organisieren
Mit Freunden über andere Dinge sprechen, mit «Profis» über Stalking	Mit Freunden nur noch über den Stalker reden und ihm damit noch mehr Platz einräumen
E-Mails überfliegen und abspeichern, bei Drohinhalten zur Polizei gehen	Seine E-Mails immer wieder lesen und versuchen zu verstehen warum er das macht und was er vorhat

Modul: Bewältigung belastender Stalking-Situationen

Dieses Modul spielt eine zentrale Rolle, da hier mithilfe von

- **Rollenspielen** und
- der sogenannten «**Stressimpfung**»

konkrete Bewältigungsstrategien für belastende Stalkingsituationen geübt werden.

Während beim Rollenspiel der Schwerpunkt auf dem Einüben von **Verhaltensweisen** liegt, arbeitet die Stressimpfung hauptsächlich mit sog. «**Selbstverbalisationen**», die in belastenden Situationen hilfreich und handlungsleitend sind.

Rollenspiel

Rollenspiele haben sich zur Konsolidierung der bereits besprochenen günstigen Verhaltensweisen im Umgang mit dem Stalker besonders bewährt. Mithilfe des Rollenspiels kann gezielt der Umgang mit schwierigen Situationen, die häufig auftreten, besonders belastend sind oder deren Auftreten Stalking-Opfer befürchten, geübt werden. Dadurch steigt das Gefühl der Selbstwirksamkeit und die Erwartungsangst nimmt ab.

Rollenspiele eignen sich besonders in Gruppensettings, da die Gruppenmitglieder einerseits selbst mitspielen und andererseits Rückmeldungen über das Verhalten der Klientin geben. Rollenspiele lassen sich jedoch auch im Einzelsetting durchführen: Die Therapeutin übernimmt dann die Rolle des Stalkers, wobei die Rollen auch getauscht werden können. Durch den Rollentausch gewinnt die Klientin einen Eindruck, wie unterschiedliche Reaktionen auf den Stalker wirken können.

Vorbereitung

- Flipchart

Ziele der Sitzung

- Zielverhalten im Umgang mit Stalking-Situationen üben
- Betroffene sollen sich auf schwierige Situationen vorbereitet und dadurch sicherer fühlen
- Angst reduzieren

Vorbereitung des Rollenspiels

- Auswahl einer *konkreten Situation*, deren Beginn und Ende klar definiert sind. Das Rollenspiel sollte kurz sein und eine Zeitspanne von wenigen Minuten (in der Regel genügt eine Minute) nicht überschreiten.
- Die *Ziele der Klientin* im Vorfeld klären:
  - Wie will sie sich verhalten?
  - Wie will sie sich anschließend fühlen?
  - Woran macht sie fest, dass das Rollenspiel gut gelaufen ist («Erfolgskriterien»)?
  - → die Ziele werden am Flipchart notiert (Verhalten, Gefühle, Kriterien für gelungenen Umgang mit der Situation), damit nach dem Rollenspiel geprüft werden kann inwieweit die Ziele erreicht wurden.

- Kurz besprechen, wie sich der Stalker voraussichtlich verhalten wird, damit der Rollenspielpartner ihn glaubwürdig spielen kann. Hierfür können z. B. *«typische Sätze» des Stalkers* genannt werden.
- Im Gruppensetting: *Rollenspielpartner auswählen*
- Restliche Gruppenteilnehmerinnen instruieren, das Verhalten des Opfers zu beobachten und auf das vorher festgelegte Zielverhalten hin zu überprüfen.
- Eine *Person* festlegen, die das *Rollenspiel beendet* (z. B. durch ein lautes «Stopp!»).

Während des Rollenspiels selbst greift die Therapeutin nicht ein; sie kann das Rollenspiel aber u.U. vorzeitig beenden (z. B. wenn die Klientin ihr Zielverhalten überhaupt nicht umsetzen kann und durch den «Stalker» immer mehr in die Enge getrieben wird).

Nachbesprechung des Rollenspiels

- Als erstes gibt die *Klientin* selbst Rückmeldung:
  - «Wie geht es Ihnen jetzt?»
  - «Wie haben Sie sich gefühlt im Rollenspiel?»
  - «Was haben Sie gut gemacht?»
  - «Welche Ziele haben Sie nicht erreicht?»
- Als nächstes erfolgt eine Rückmeldung durch die *Mitspielerin(nen)*
  - «Wie haben Sie sich in Ihrer Rolle gefühlt?»
  - «Wie kam das Verhalten von Frau X. bei Ihnen an? Wie haben Sie sie wahrgenommen?»
- Im Gruppensetting: die *nicht am Rollenspiel beteiligten Gruppenteilnehmerinnen* geben ihre Rückmeldung:
  - «Was hat Frau X. gut gemacht?»
  - «Wie kam das Verhalten von Frau X. bei Ihnen an?»
- Schließlich erfolgt eine Rückmeldung durch die *Beraterin*. Dabei werden auch die bisherigen Rückmeldungen noch einmal zusammen gefasst.
- evtl. *Verbesserungsvorschläge* aller Beteiligten *sammeln*.
- Wenn die Klientin ihre Ziele nicht erreicht hat: Wie können Sie sich anders verhalten, so dass Sie Ihr Ziel erreichen? Sind die Ziele zu realisieren oder sollten die Ziele überprüft werden?

Schließlich entscheidet die Klientin ob sie die Situation noch einmal üben will und was sie konkret anders machen möchte. Das Rollenspiel wird so lange wiederholt, bis die Klientin (nicht die Therapeutin oder die anderen Gruppenteilnehmerinnen) zufrieden ist.

Betroffene bekommen häufig bei der ersten Übung die Rückmeldung, dass ihr Verhalten kein konsequentes Ignorieren war, sondern z. B. durch Körperhaltung, Gestik usw. eine (ungewollte) Reaktion auf die Kontaktversuche des Stalkers erfolgte, während die Klientin nach eigener Einschätzung «nicht reagiert» hat. Mithilfe der Rückmeldungen können so bestimmte Verhaltensweisen schrittweise verändert und erneut geübt werden.

Betroffene erleben es häufig als kurzfristig belastend, aber doch sehr aufschlussreich, im Rollenspiel den Part des Täters einzunehmen. Zur Illustration ein Kommentar einer Betroffenen in der «Täterrolle»: «Mir ist jetzt erst klar geworden, wie auch nur kleine Reaktionen einen geradezu reizen dem Opfer weiter nachzugehen».

Stressimpfungstraining

Das Stressimpfungstraining von Meichenbaum (1991) ist eine kognitiv-verhaltenstherapeutische Methode, die mit Selbstverbalisationen bzw. Selbstinstruktionen arbeitet. Hierfür werden einzelne Situationen, die als besonders belastend erlebt werden oder «typischerweise» im Rahmen der Belästigung auftreten, ausgewählt, analysiert und das Zielverhalten der Betroffenen in diesen Situationen erarbeitet. Anschließend werden hilfreiche Selbstinstruktionen für jede Phase der ausgewählten Situationen entwickelt, die den Betroffenen helfen, ihr Verhalten wie geplant umzusetzen. Haben die Betroffenen gelernt, ausgewählte Situationen auf diese Weise zu bewältigen, sind sie in der Lage, den Transfer auf andere Situationen und damit eine generalisierte Verhaltensmodifikation zu erreichen.

Das Stressimpfungstraining kann gut mit Rollenspielen kombiniert werden, um belastende Stalking-Situationen besser zu bewältigen. Allerdings empfiehlt es sich, die beiden Bausteine schrittweise zu üben um die Klientin nicht mit zu vielen Schritten gleichzeitig zu überfordern. Beispielsweise kann nach der Einführung des Stressimpfungstrainings das Rollenspiel wiederholt werden, das dann um den Einsatz von Selbstinstruktionen zur Unterstützung des erarbeiteten Zielverhaltens ergänzt wird.

Vorbereitung

Teilnehmerunterlagen:

- Infoblatt «Stressimpfung»
- Arbeitsblatt «Stressimpfung»

Ziele der Sitzung

- Umgang mit schwierigen Situationen üben
- Betroffene sollen sich auf schwierige Situationen vorbereitet und dadurch sicherer fühlen
- Stressniveau senken

Therapeutisches Vorgehen beim Stressimpfungstraining

1. Zunächst wird der Zusammenhang zwischen den eigenen Gedanken in einer Stresssituation und dem subjektiven Stresserleben erklärt.

■ Beispiel

Ich habe in der Arbeit viel zu tun und werde vom Chef freundlich, aber bestimmt auf die Einhaltung einer zeitlichen Frist hingewiesen. Der Gedanke: «Das ist alles viel zu viel, das schaffe ich nie!» führt dazu, dass ich nervös, hektisch und unkonzentriert an die Arbeit gehe, der Stresspegel steigt. Der Gedanke «Ich mache alles Schritt für Schritt und bewahre die Ruhe» dagegen hilft, ruhig zu bleiben und mich auf den nächsten wichtigen Handlungsschritt zu konzentrieren.

2. Anschließend wird das Prinzip der Stressimpfung erläutert, wobei Folgendes vermittelt werden sollte:
   - Das Stressimpfungstraining bereitet gedanklich und emotional auf belastende Situationen vor.
   - Dazu wird eine belastende Situation ausgewählt, die bereits erlebt wurde oder deren Eintreten befürchtet wird.
   - Anschließend wird die Situation in drei bis vier Phasen unterteilt. Die Klientin entwickelt für jede Phase sog. hilfreiche «Selbstinstruktionen».
   - Selbstinstruktionen sind «innere Sätze», die man sich selbst sagt und die dabei helfen sollen, die eigenen *Emotionen* zu regulieren und so zu *handeln*, wie man das geplant hat.
   - Es hat sich gezeigt, dass das eigene Handeln durch inneres Zu-Sich-Sprechen gesteuert werden kann und die belastende Situation dadurch besser bewältigt werden kann.

   Die Vermittlung des Prinzips der Stressimpfung wird durch das Infoblatt «Stressimpfung» unterstützt.

3. Als nächstes wählt die Klientin eine für sie belastende Situation aus. Diese Situation wird (ggf. mit Hilfe der Therapeutin) in vier Abschnitte eingeteilt, wobei Phase 2 und 3 in manchen Situationen zusammenfallen und dementsprechend zusammengefasst werden können:
   - Phase 1: vor dem Eintritt in die belastende Situation
   - Phase 2: beim Eintritt in die belastende Situation
   - Phase 3: Phase des Überwältigtwerdens von der Situation
   - Phase 4: nach dem Austritt aus der belastenden Situation.

Die folgende Grafik verdeutlicht das Vorgehen. Hier wird die Situation dargestellt, dass der Stalker Drohbriefe am Auto der Klientin hinterlässt, während sie in der Arbeit ist.

Jedes Mal, wenn die Klientin aus der Arbeit kommt und zum Auto läuft, hat sie große Angst vor einem neuen Brief.

Die Therapeutin zeichnet eine Stresskurve wie in **Abbildung 3** dargestellt auf das Flipchart. Anschließend fragt sie, welcher Moment in der Situation der belastendste ist und schreibt ihn unter den Gipfel der Kurve, also in Phase 3. Entsprechend werden auch die übrigen Phasen gemäß dem Situationsverlauf auf der Zeitachse markiert.

4. Anschließend werden für jede Phase verschiedene Selbstinstruktionen überlegt, die
   - **kurz** und **positiv formuliert** sind (Verneinungen vermeiden)
   - konkret **auf die Situation passen**
   - zur jeweiligen **Person passen**
   - helfen sich auf die **Gegenwart** zu **konzentrieren**
   - helfen die Dinge so zu nehmen wie sie sind
   - helfen das eigene **Zielverhalten umzusetzen.**

Beispiele für Selbstinstruktionen für die in Abbildung 3 dargestellte Situation:

Phase 1: «Ich bin auf die folgende Situation vorbereitet.»

Phase 2: «Wenn wieder ein Brief vorhanden ist, weiß ich, was zu tun ist. Ich habe einen Plan, nach dem ich handeln werde und ich habe Unterstützung.»

Phase 3: «Ich habe große Angst, aber sie ist zu ertragen. Sein Brief bedeutet für mich ein weiteres Beweismittel, das mich an mein Ziel bringt. Ich konzentriere mich jetzt auf das, was zu tun ist.»

Phase 4: «Ich hab es geschafft! Ich habe die Situation gut überstanden. Super! Ich bin stolz auf mich!»

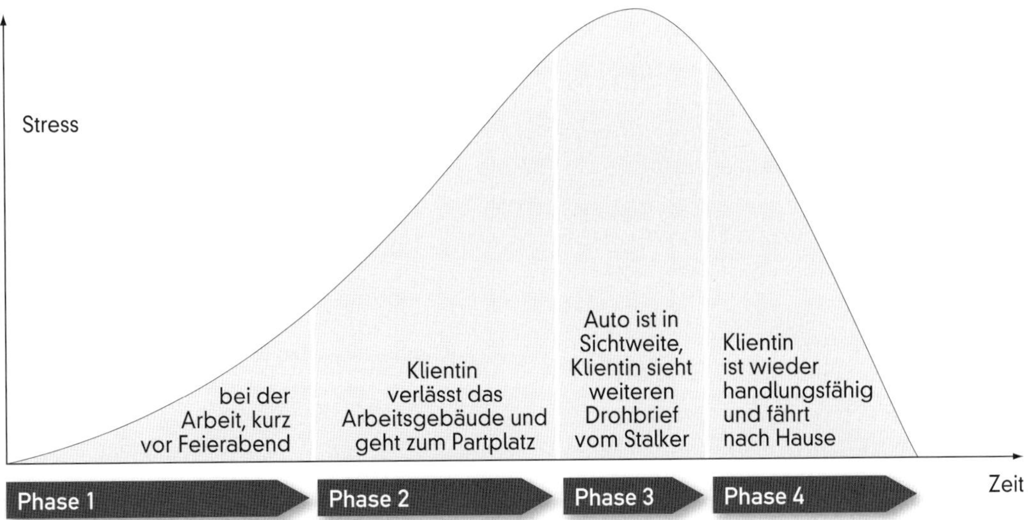

Abbildung 3: Beispiel für eine Stresskurve im Rahmen des Stressimpfungstrainings.

Geeignete Sätze zu finden, ist oft nicht leicht und braucht Zeit. Es lohnt sich jedoch, ausführlich zu überlegen und die Instruktionen gut auf ihre Wirkung hin zu prüfen, da nur passende Sätze in der Situation auch wirklich unterstützend wirken. Es kann möglich sein, dass die Selbstinstruktionen in der realen Situation als unpassend und wenig hilfreich erlebt werden. Dann sollten sie entsprechend modifiziert werden, was durch die Klientin selbst oder in einer folgenden Sitzung mithilfe der Therapeutin (im Gruppensetting: durch Unterstützung der anderen Teilnehmerinnen) erfolgen kann.

5. Zum Abschluss werden die Arbeitsblätter zur «Stressimpfung» ausgeteilt und die Übungen für zuhause besprochen: Das Arbeitsblatt sollte bis zur nächsten Sitzung ausgefüllt werden; nach Möglichkeit sollten die erarbeiteten Selbstinstruktionen in der realen Situation angewandt und hinsichtlich ihrer Praktikabilität und Wirkung überprüft werden.
   Ein Beispiel für ein ausgefülltes Arbeitsblatt finden Sie auf den Seiten 107/108.

Arbeitsblatt
Stressimpfung

1. **Analyse der belastenden Situation** (real oder vorgestellt)
   Wie läuft die Situation ab?

   Ich fahre mit dem Zug von der Arbeit nach Hause. Zu einer ähnlichen Zeit kommt auch mein Ex-Freund (Stalker) von der Arbeit. Ich befürchte, dass er im gleichen Zug sitzen könnte und bei der gleichen Haltestelle aussteigt, so dass ich ihm beim Aussteigen begegne und er mich wieder anspricht, belästigt und womöglich verfolgt.

   Wie reagiere ich normalerweise?
   Wie verhalte ich mich?

   Beim Aussteigen laufe ich möglichst schnell, ohne mich umzusehen, nach Hause

   Meine Gedanken:
   «Was mache ich nur, wenn er mir folgt? Soll ich eine Station weiterfahren, um ihm beim Aussteigen nicht zu begegnen?»

   Meine Gefühle:

   Angst, Unsicherheit, Unruhe

2. **Meine Ziele**
   Was will ich erreichen?
   Dass es mir gelingt, mich immer auf meinen grundsätzlichen Plan zu besinnen und handlungsfähig zu bleiben, egal was passiert.

   Wie will ich handeln?
   Wenn er mir begegnet, will ich ihn ignorieren, auch, wenn er mich anspricht. Wenn er nicht aufhört, rufe ich die Polizei an.

   Wie möchte ich mich fühlen?
   Ich möchte weniger Angst empfinden und ruhiger bleiben.

Arbeitsblatt
Stressimpfung

3. Selbstinstruktionen

Phase der Situation: Einsteigen in den Zug

Selbstinstruktion(en): «Auch wenn er auftaucht, gehe ich meinen Weg.»

Phase der Situation: Kurz vor dem Bahnhof

Selbstinstruktion(en): «Ich werde auf jeden Fall an meinem Bahnhof aussteigen. Wenn er mich anspricht, ignoriere ich ihn und gehe weiter. Ich hab das auch früher schon geschafft.

Phase der Situation: Ich steige aus und sehe den Stalker, er läuft mir hinterher und spricht mich an.

Selbstinstruktion(en): «Ich gehe weiter. Ich lasse ihn stehen. Es ist nicht das erste mal. Ich schaffe das auch jetzt wieder. Ich hole Hilfe. Ich kann das Handy rausholen und die Polizei rufen.»

Phase der Situation: Stalker verschwindet

Selbstinstruktion(en): «Ich habe mich durchgesetzt. Ich habe mein Ziel erreicht. Ich bin wieder ein bisschen stärker geworden.»

Selbstinstruktion(en), wenn es nicht gut geklappt hat:

«Ich habe es versucht. Das nächste mal werde ich es noch besser machen. Es lohnt sich, weiterzumachen.»

Modul: Bearbeitung dysfunktionaler Gedanken

Insbesondere bei Ex-Partner-Stalking ist die Stalking-Situation für die Opfer aufgrund der vorangegangenen intimen Beziehung mit dem Stalker emotional vielschichtig. So sehen sie zum Beispiel eigene Anteile am Geschehen und halten sich für mitverantwortlich für die Situation. Entsprechend häufig berichten Betroffene, dass sie an sich und den eigenen Gedanken und Gefühlen zweifeln. Andere verlieren vorübergehend ihr Selbstvertrauen und haben das Gefühl, der Situation hilflos ausgeliefert zu sein. Hier zeigt sich wieder eine enge Verbindung zwischen Gedanken und Gefühlen.

In diesem Modul soll an der Veränderung dysfunktionaler, also nicht hilfreicher, destruktiver Gedanken gearbeitet werden, wodurch die Gefühle und das konsequente Einhalten der als günstig identifizierten Verhaltensweisen positiv beeinflusst werden können.

Typische dysfunktionale Kognitionen oder kognitive Verzerrungen bei Stalking-Opfern sind:

- **Schuldgefühle**
  Auch wenn dieser Begriff das Wort «Gefühl» beinhaltet, handelt es sich hier um eine Kognition, um den Gedanken oder die Überzeugung, am Verhalten des Täters selbst schuld zu sein oder eine Teilschuld zu tragen. Dies kann so weit gehen dass sich Betroffene nicht trauen zur Polizei zu gehen da sie ja schließlich selbst das Verhalten des Stalkers provoziert hätten oder doch kein Recht gehabt hätten ihn zu verlassen (z. B. «Ich bin schuld daran dass es ihm so schlecht geht und er sich jetzt so verhält, denn ich habe ihn verlassen und damit ist er nicht fertig geworden»).
- **generalisierter Kontrollverlust.**

■ Beispiele

«Er beobachtet mich und weiß alles von mir – daher hat er mein Leben total im Griff und ich bin ihm völlig ausgeliefert.» (Übergeneralisierung)

«Ich kann nie wieder einem Mann vertrauen, denn er könnte sich ja auch als Stalker entpuppen – ich werde nie heiraten und eine Familie haben was ich mir doch immer gewünscht habe» (Die aktuelle Auswirkung des Stalkings – im Moment keine neue Beziehung eingehen zu können – wird auf die Zukunft generalisiert).

Vorbereitung

- Flipchart
- Infoblatt «Gedanken hinterfragen».

Ziele der Sitzung

- Dysfunktionale Gedanken erkennen
- Alternative Gedanken entwickeln, die das Verhalten und die Gefühle günstig beeinflussen
- Möglichkeiten erarbeiten, wie funktionale alternative Gedanken «verankert» werden können.

Identifikation dysfunktionaler Gedanken

Dysfunktionale Gedanken können anhand des Stalking-Tagebuchs identifiziert werden. Meist gehen sie mit negativen Emotionen und ungünstigen Verhaltensweisen einher.

Häufig werden dysfunktionale Gedanken von Beginn der Sitzungen an immer wieder von den Klientinnen geäußert. Die Therapeutin kann solche Gedanken, sobald sie geäußert werden, mit dem Verweis, dass diese Gedanken später noch ausführlicher besprochen werden, auf ein gesondertes Flipchart-Blatt schreiben und später (in der Sitzung «Bearbeitung dysfunktionaler Gedanken») auf diese Gedanken zurückgreifen.

Ansonsten sollten zu Beginn der Sitzung dysfunktionale Gedanken gesammelt werden:

Therapeutin: «In den letzten Sitzungen haben wir ja bereits über den Einfluss von Gedanken auf die Gefühle und das Verhalten gesprochen. Ein paar mal sind auch schon Gedanken von Ihnen genannt worden, die ich für Sie als eher belastend und wenig hilfreich einschätze. Welche Gedanken fallen Ihnen dazu ein?»

→ Flipchart in 2 Spalten teilen, Gedanken (in wörtlicher Rede) in der linken Spalte notieren.

Techniken um dysfunktionale Gedanken infrage zu stellen

(vgl. Wilken 2006)

→ Infoblatt hierzu austeilen und einzelne, auf Flipchart notierte Gedanken anhand der angegebenen Techniken hinterfragen.

Funktionalität/Hedonistisches Kalkül

- Hilft Ihnen dieser Gedanke/diese Einstellung, sich so zu verhalten, wie Sie es möchten?
- Wie fühlen Sie sich, wenn Sie so denken?
- Hilft Ihnen dieser Gedanke/diese Einstellung, sich so zu fühlen, wie Sie es möchten?

Perspektivenwechsel

- Stellen Sie sich vor, eine gute Freundin von Ihnen wäre von Stalking betroffen. Was würden Sie ihr antworten, wenn sie « … » *(dysfunktionaler Gedanke)* sagen würde?
- Was würde Ihnen eine gute Freundin erwidern, wenn Sie ihr « … » *(dysfunktionaler Gedanke)* mitteilen?
- Im Gruppensetting: Gibt es jemanden in der Gruppe, der in einer ähnlichen Situation anders denkt? Was denken Sie und wie geht es Ihnen dabei?

Realitätstestung

- Ist diese Einstellung realistisch? Ist es wirklich so?
- Welche anderen Möglichkeiten gibt es die Situation zu sehen?

■ Fallbeispiel

Frau B. wird von ihrem Ex-Mann gestalkt, der ein Alkoholproblem hat und bereits einen Suizidversuch begangen hat. Er hat Frau B. gegenüber wiederholt geäußert, sie sei für seinen schlimmen Zustand verantwortlich, schließlich habe sie ihn zu dem Zeitpunkt verlassen, als er sie am meisten gebraucht hätte.

Frau B. denkt häufig, sie sei selbst schuld daran, dass ihr Ex-Partner sie belästigt: Er könne nun mal nicht damit zurecht kommen, dass sie ihn verlassen habe. Wäre sie bei ihm geblieben, dann gäbe es schließlich auch kein Stalking.

Dass dieser Gedanke dysfunktional ist liegt auf der Hand. Ein Beispiel dafür wurde in einer Verhaltensanalyse deutlich: Wenn Frau B. eine Nachricht vom Stalker bekommt, in der er ausführt wie schlecht es ihm geht, hat Frau B. Schuldgefühle und ist emotional «labil»: Es kann dann passieren dass sie «schwach wird» und eine Kontaktaufnahme erwidert um ihrem Ex-Partner zu helfen. Die «dysfunktionale» Überzeugung wurde u.a. mit folgenden Fragen, die der «Realitätstestung» zuzurechnen sind, infrage gestellt:

- «Wie ging es ihm früher, bevor er Sie kannte? Hatte er damals sein Leben komplett im Griff?»
- «Hatte er auch schon Alkoholprobleme bevor oder während Sie mit ihm zusammen waren?»
- «Inwieweit sind Menschen verantwortlich für das Verhalten anderer (erwachsener) Menschen?»

Die dysfunktionale Kognition sowie die erarbeiteten funktionalen Alternativkognitionen lauteten im Fall von Frau B.:

«Dysfunktionale» Kognition	Alternative («funktionale») Kognition
«Ich bin schuld daran, dass es ihm so schlecht geht und er sich jetzt so verhält, denn ich habe ihn verlassen und damit konnte er nicht fertig werden»	«Ich bin nicht für sein Verhalten verantwortlich.» «Er ist erwachsen und muss die Konsequenzen seines Handelns selbst tragen.»

Was ist bei der Bearbeitung dysfunktionaler Gedanken zu beachten?

Vorsicht mit Entkatastrophisieren!

Diese in der kognitiven Verhaltenstherapie etablierte Methode ist bei Stalking wenig geeignet! Üblicherweise verwendete Fragen wie «Was könnte schlimmstenfalls passieren» (z. B. Panikattacke → Ohnmacht, aber nicht sterben …, soziale Phobie → Erröten, Stottern = unangenehm, aber nicht lebensbedrohlich usw.) ist bei Stalking nur mit großer Vorsicht anzuwenden, denn nur wenn davon ausgegangen werden kann, dass wirklich kein Risiko für eine Katastrophe besteht, kann mit Entkatastrophisieren gearbeitet werden. Zu Recht werden die Betroffenen ansonsten antworten, dass der Stalker sie im schlimmsten Fall attackieren und töten könnte, oder dass er anderen Menschen die der Betroffenen nahe stehen etwas antun könnte.

Auch sollte darauf geachtet werden, dass die Klientinnen sich nicht von **zu leichtfertigen Gedanken** leiten lassen. Die alternative Kognition zur Befürchtung «Ich werde nie mehr auch nur eine Sekunde sicher sein» sollte daher eher «Ich kann das Risiko einschätzen und hole mir Hilfe wenn es nötig ist» lauten als «Mir passiert sicher nichts».

Verankerung von Alternativkognitionen

(in Anlehnung an Kaluza, 2004)

Gedanken lassen sich selbstverständlich nicht einfach austauschen. Dysfunktionale Gedanken dienen den Betroffenen häufig über lange Zeit hinweg als logische Erklärung für ihre negativen Erfahrungen. Sie resultieren meist aus festen Grundeinstellungen, die biographisch früh gelernt und somit veränderungsresistent sein können. So wie sich die ungünstigen Gedanken in einem langen Lernprozess – z. B. begünstigt durch Lernerfahrungen in der Familie – gefestigt haben gilt es die Alternativgedanken zu «erlernen» und durch regelmäßige Übung im Alltag zu verankern.

Dabei sind Fantasie und persönliche Vorlieben der Betroffenen gefragt («Was kann Ihnen dabei helfen sich an diesen Gedanken zu erinnern? Wie können Sie diese Einstellung «üben»?»)

Möglichkeiten alternative Gedanken im Alltag zu erinnern, zu wiederholen und zu üben sind z. B. den/die Alternativgedanken

- laut vor sich hin sagen, mindestens 20-mal am Tag
- innerlich vor sich hin sagen, z. B. beim Spazierengehen, bei bestimmten Tätigkeiten oder zu bestimmten Zeitpunkten (z. B. Zähne putzen)
- vor dem Einschlafen still für sich wiederholen
- auf eine Karteikarte schreiben und bei sich tragen
- als Bildschirmschoner auf dem PC verwenden
- auf einen Zettel schreiben und in der Wohnung aufhängen.

Im Gruppensetting besteht die Möglichkeit die sog. «Kreuzfeuerübung» durchzuführen, in der die Klientin ihre neue alternative («funktionale») Einstellung in der Gruppe vertritt.

■ Übung Kreuzfeuer (nach Kaluza, 2004)

Die Betroffene stellt sich vor die Gruppe und spricht so überzeugend wie möglich ihre alternativen Kognitionen aus (z. B. «Ich kümmere mich um mich und richte mich danach aus was mir gut tut»). Die anderen Gruppenteilnehmerinnen bilden ein kritisches Auditorium, übernehmen die Rolle eines «advocatus diaboli». Sie äußern Zweifel, Bedenken, Einwände (z. B. «Das ist aber furchtbar egoistisch, so einen Egoisten mag ja keiner» oder «Erst verlässt du ihn und jetzt wo er Probleme hat und dich braucht lässt du ihn eiskalt fallen» etc).

Die Betroffene versucht, ggf. mit Unterstützung einer anderen Teilnehmerin, ihre Haltung gegenüber diesen Einwänden zu vertreten. Dies kann ein paar Mal hin und her gehen. Die Therapeutin beendet die Übung unmittelbar nachdem die Betroffene mit einer besonders starken Überzeugungskraft aufgetreten ist. Die anderen Teilnehmerinnen sollten kräftig Beifall spenden.

Wichtig ist, dass die Übung für die betreffende Teilnehmerin mit einem Erfolgserlebnis endet!

Die Gruppe darf es der Teilnehmerin nicht zu schwer machen, sondern im Idealfall gerade soviel Widerspruch formulieren, dass die Betroffene daran ihre neue Einstellung stärken kann.

→ Diese Übung ist in der Regel erst für spätere Gruppensitzungen zu empfehlen, wenn sich eine gute Gruppenkohäsion entwickelt hat.

Was tun bei kreisenden Gedanken? – Imaginationsübungen zur Unterbrechung belastender Gedanken

Häufig berichten die Betroffenen von kreisenden, immer wiederkehrenden Gedanken, die z. B. von Angst, Wut oder Hoffnungslosigkeit geprägt sind und die sich nicht «abstellen» lassen. Hier helfen in der Verhaltenstherapie bewährte Übungen zum Gedankenstopp. Diese können entweder in einem Block oder einzeln, auch in unterschiedlichen Sitzungen, angeleitet durch die Therapeutin, geübt werden. Die Übungen lassen sich leicht lernen und können von den Betroffenen erfahrungsgemäß im Alltag gut angewendet werden.

Im Anschluss an die einzelnen Übungen sollte stets danach gefragt werden, wie es den Betroffenen im Augenblick geht und wie sie die Übung erlebt haben. War sie hilfreich? Hat sie funktioniert? Konnten Sie Ihre Gedanken gehen lassen? Wie schwierig war es, sich die Bilder in der Übung vorzustellen?

Bei Schwierigkeiten sollte immer nachgefragt werden, worin diese genau bestehen und es sollten ggf. Modifikationen oder Alternativen entwickelt werden.

■ Übung 1: «Das Stoppschild»

Stellen Sie sich ein rotes Stopp- Verkehrsschild vor. Lassen Sie das Stoppschild vor Ihrem inneren Auge ganz groß erscheinen und sagen Sie dabei (am besten laut) zu sich selbst: «STOPP!». Sie erhöhen die Wirkung, indem Sie sich einen zusätzlichen sensorischen Reiz setzen, indem Sie mit der Faust auf den Tisch hauen, mit dem Finger schnalzen, mit dem Fuß aufstampfen, sich zwicken oder Ähnliches. Beschäftigen Sie sich **direkt im Anschluss** mit einer Tätigkeit, die Sie ablenkt, z. B. mit Freunden telefonieren/treffen (wichtig: über andere Themen sprechen als über das Stalking!), Sport machen, einen Einkaufszettel schreiben oder überlegen, was Sie als nächstes kochen möchten etc.
(nach Linden und Hautzinger, 2008)

■ Übung 2: «Die Wolke»

Stellen Sie sich vor, Sie liegen auf einer grünen Wiese. Sie liegen auf dem Rücken und blicken in den blauen Himmel über Ihnen. Ab und zu sehen Sie eine weiße Wolke am Himmel vorbeiziehen. Stellen Sie sich nun vor, wie Sie alle belastenden Gedanken auf eine dieser weißen Wolken ablegen. Fühlen Sie, wie erleichtert Sie sind, als wären Sie eine schwere Last losgeworden. Spüren Sie die Erleichterung auch körperlich. Sehen Sie zu, wie die Wolke mit den Gedanken langsam von dannen zieht, bis sie aus Ihrem Sichtfeld verschwunden ist.

Übung 3: «Das rote Wollknäuel» (Koppelung an eine Entspannungsübung)

Setzen Sie sich bequem auf einen Stuhl, Ihre Fußsohlen berühren den Boden. Schließen Sie Ihre Augen. Achten Sie auf Ihren Atem, wie er langsam und ruhig ein- und wieder ausströmt. Mit jedem Ausatmen entspannen Sie Ihr Gesicht, Ihren Nacken, Ihre Schultern, Ihre Arme und Ihre Hände ein wenig mehr. Spüren Sie, wie Ihr Gesäß und Ihre Füße mit jedem Ausatmen immer schwerer aufliegen. (...)

Stellen Sie sich nun vor, Sie befinden sich an einem Ort, an dem Sie sich wohl, ruhig und geborgen fühlen. Lassen Sie sich eine Weile Zeit, bis dieser Ort vor Ihrem inneren Auge entstanden ist und stellen Sie sich ihn so genau wie möglich vor. Was sehen Sie, was hören Sie, was riechen Sie, was fühlen Sie an diesem Ort? (...)

Wenn Sie das Bild genau vor Augen haben, verabschieden Sie sich zunächst wieder von Ihrem Ort. Lassen Sie Ihre Augen geschlossen. **Spannen Sie nun Ihre Hände zu Fäusten an.**

Stellen Sie sich nun vor, Ihre belastenden Gedanken bestehen aus einem roten, langen Wollfaden. Wickeln Sie diesen roten Faden Ihrer Gedanken langsam zu einem Wollknäuel auf. Sie sehen zu, wie das Knäuel langsam dicker und runder wird. Sie nehmen das Wollknäuel anschließend in Ihre Hand und gehen damit zu einer Kammer, in der ein Tisch steht. Auf dem Tisch steht eine kleine Truhe, die mit einem Schloss versehen ist. Der Schlüssel steckt. Sie schließen die Truhe auf, legen das Wollknäuel hinein und schließen die Truhe anschließend mit dem Schlüssel wieder ab. Sie legen den Schlüssel neben der Truhe auf dem Tisch ab, gehen aus der Kammer hinaus und machen die Tür zur Kammer hinter sich **zu.**

→ Mit dem Schließen der Kammertüre (beim Wort «zu») **entspannen Sie Ihre Hände und Arme** und achten auf den angenehmen Übergang von der Anspannung zur Entspannung. Begeben Sie sich nun wieder an Ihren Ruheort. Stellen Sie ihn sich wieder mit allen Sinnen vor. Verweilen Sie dort eine zeitlang (ca. 1 Minute Zeit lassen).

Öffnen Sie nun langsam Ihre Augen und räkeln und strecken Sie sich kräftig, um wieder wach zu werden.

Modul: Umgang mit belastenden Emotionen

Stalking stellt für viele Betroffene eine anhaltende emotionale Belastung dar. Dies äußert sich zum einen in Gefühlen wie Angst, Panik, Hilf- und Hoffnungslosigkeit bis hin zu Wut, Schuld und Scham. Zum anderen findet sich bei manchen Betroffenen eine ausgeprägte **Ambivalenz** gegenüber dem Stalker, insbesondere wenn es sich bei ihm um den Ex-Partner handelt oder um eine Person, die der Betroffenen in der Vergangenheit nahe gestanden ist. Die Ambivalenz äußert sich vor allem in der Unentschlossenheit, mit der die Betroffenen den Kontaktabbruch in der Vergangenheit betrieben haben oder noch betreiben aber auch in der Hoffnung auf eine Besserung der Beziehung oder in dem Wunsch, es möge zwischen ihnen und dem Stalker wieder so werden «wie früher, als doch eigentlich alles noch in Ordnung war». Manchmal finden sich auch Schuldgefühle gegenüber dem Stalker verbunden mit dem Wunsch, das eigene, abweisende Verhalten «wieder gut» zu machen. Hat die Betroffene mit dem Stalker gemeinsame Kinder, kann dies die Ambivalenz aufgrund der zusätzlichen Bindung und dem Wunsch, zum Wohle der Kinder miteinander kommunizieren zu können, noch erhöhen. Die empfundene Ambivalenz ist nicht nur an sich belastend, sondern erschwert zudem das konsequente Ignorieren der Kontaktaufnahmen des Stalkers.

Im Modul «Umgang mit belastenden Emotionen» sollen zunächst Möglichkeiten zum Umgang mit «überschießenden» Emotionen (zu viel Verzweiflung, Panik etc…) und Hilfestellungen, wie die Betroffenen allgemein mit anhaltenden belastenden Gefühlen besser zurechtkommen können erarbeitet werden. Zudem sollen Ambivalenzgefühle gezielt angesprochen, aufgedeckt und bearbeitet werden.

Vorbereitung

- Flipchart
- Materialien zu den Übungen zum Teil 1 (Atemübungen und Kurzentspannungsübung, vgl. Anhang A12).

Ziele der Sitzung

- Akzeptanz von Gefühlen fördern
- Bewältigungsstrategien zum Umgang mit Emotionen erwerben bzw. stärken
- Stressniveau senken.

Möglichkeiten zum Umgang mit «überschießenden» Emotionen

Therapeutin: «In der letzten Zeit haben Sie möglicherweise Situationen erlebt, die Sie so stark belastet haben, dass Sie das Gefühl hatten, von Ihren Gefühlen regelrecht überwältigt zu werden, so dass Sie sich wie gelähmt und handlungsunfähig gefühlt haben. In diesem Fall spricht man von «überschießenden» Emotionen. Kennen Sie solche Gefühlszustände? (...) Wie gehen Sie in der Regel damit um?»

→ Bewältigungsstrategien der Klientinnen sammeln und auf Flipchart notieren

Therapeutin: «Was hat Ihnen geholfen und was weniger?»

→ hier mit grünem Farbstift die hilfreichen und rotem Stift die weniger hilfreichen Maßnahmen markieren (z. B. mit + und –).

Falls die folgenden Punkte nicht genannt werden, sollte die Therapeutin sie ergänzen und mit der Klientin ggf. die entsprechenden Übungen durchführen.

1. **Atmung kontrollieren** (Atemübungen s. S. 122), **Kurzentspannung** (s. S. 122)
2. **Beruhigende Selbstinstruktion**
   Zum Beispiel: «Gleich ist es vorbei», «Das Gefühl wird bald nachlassen, so war es bisher immer» etc. Es empfiehlt sich, die Sätze möglichst positiv zu formulieren und Verneinungen zu vermeiden (vgl. Empfehlungen zu Selbstinstruktionen im Rahmen des Stressimpfungstrainings).
3. **sich auf das Gefühl einlassen:** Gefühl benennen, dann auf einer Skala von 0 (nicht vorhanden) bis 10 (maximal stark ausgeprägt) einschätzen, wie stark die Emotion gerade ist und die damit verbundenen Körperempfindungen (Herzklopfen, Zittern, Muskelanspannung) benennen und die Stärke der Körperempfindungen ebenfalls auf einer Skala von 0 bis 10 einschätzen. Dieser Vorgang sollte so lange wiederholt werden, bis das Gefühl abklingt (in Anlehnung an Berking, 2007).

   → Die Übung soll dabei helfen, sich auf das Gefühl einzulassen und es zu akzeptieren. Die Übung wirkt über Habituation, d.h. die Angst vor negativen Gefühlen wird genommen, indem man sich ihnen bewusst aussetzt und merkt, dass dabei nichts Schlimmes passiert.

Atemübungen, Kurzentspannung

Atemübung 1

«Atmen Sie ganz ruhig durch die Nase, Ihr Mund ist geschlossen. Achten Sie jetzt darauf, wie die Luft kühl in die Nase einströmt und vom Körper erwärmt wieder ausströmt. Spüren Sie, wie Sich Ihre Schultern und Ihr Nacken mit jedem Ausatmen ein wenig mehr entspannen. Mit jedem Ausatmen sinken die Schultern ein wenig mehr ab.»

Atemübung 2

Atmen Sie etwas tiefer ein als gewöhnlich. Dann atmen Sie in einer Bewegung wieder aus, ohne den Atem nach dem Einatmen anzuhalten. Wenn Sie ausgeatmet haben, halten Sie Ihren Atem für ca. 6–10 Sekunden an. Finden Sie selbst heraus, welche Zeit für Sie am angenehmsten ist. Zählen Sie in Gedanken von 1001 bis 1006 oder 1010 (eintausendundeins, ... eintausendundsechs). Nachdem Sie den Atem angehalten haben, atmen Sie wieder ein, atmen in einer Bewegung wieder aus, ohne den Atem anzuhalten, und halten ihn dann für weitere 6 bis 10 Sekunden an.

→ Wiederholen Sie die Übung für 2 bis 3 Minuten bzw. so lange, bis Sie deutlich entspannter und ruhiger sind. Mit der Übung reduzieren Sie die Sauerstoffzufuhr und Ihr Körper hat weniger Energie zur Anspannung (Wolf, 2007).

Kurzentspannung

Verschränken Sie die Hände hinter dem Kopf und drücken Sie die Ellbogen so weit es geht nach hinten. Pressen Sie Zähne und Lippen fest aufeinander. Strecken Sie die Beine vor, drücken Sie die Fußspitzen nach unten und spannen Sie dabei alle Muskeln an. Atmen Sie ein, halten Sie die Luft an, und pressen Sie dabei Ihre Bauchmuskeln an.

Bleiben Sie in diesem Zustand und zählen Sie in Gedanken langsam bis 5.

Atmen Sie langsam wieder aus. Lassen Sie Ihre Glieder dabei entspannt fallen und lockern Sie sich am ganzen Körper. Bleiben Sie eine Weile in diesem Zustand völliger Entspannung.

Vor dem Aufstehen sprechen Sie in Gedanken die Formel: 4, 3, 2, 1 – ich fühle mich wohl und erfrischt, hellwach und ruhig.

Wiederholen Sie diese Übung einige Male, bis Sie sie ganz beherrschen.

(Kurzversion der Progressiven Muskelentspannung nach Jacobson, aus: Goerke, 2003)

Allgemeine Hilfestellungen zum Umgang mit belastenden Emotionen

Auch hier wird zunächst auf Flipchart gesammelt, was von den Klientinnen bisher als hilfreich erlebt wurde. Entsprechend können auch hier wieder folgende Punkte ergänzt werden:

1. Akzeptanz der Gefühle fördern

Häufig machen sich Stalking-Opfer Gedanken darüber, ob ihre Reaktionen auf belastende Situationen angemessen waren, ob sie sich z. B. emotional «besser im Griff» haben müssten (Stichwort «Reiß dich zusammen») oder ob die Anzeige gegen den Stalker vielleicht doch übertrieben war. Hier ist es wichtig, Gefühle von z. B. Angst oder Ärger zu validieren und zu betonen, dass starke Gefühle in einer stark belastenden Lebenssituation normal und bis zu einem gewissen Ausmaß sogar hilfreich sind und dass es anderen Menschen in einer solchen Situation ähnlich gehen würde.

■ Übung

Die Therapeutin stellt nacheinander folgenden vier Fragen und notiert die Antworten der Teilnehmerinnen stichpunktartig auf Flipchart. Die genannten Stichpunkte sollten ggf. von der Therapeutin ergänzt werden:

Was bedeutet Akzeptanz?

- Sich bewusst machen, dass es in dieser Situation nachvollziehbar und verständlich ist, mit heftigen Gefühlen zu reagieren.
- Gefühle annehmen anstatt die Gefühle wegschieben zu wollen oder sich für die empfundene Angst/Wut/Traurigkeit etc. zu verurteilen.

Was bedeutet Akzeptanz nicht?

- Es geht nicht um die Akzeptanz der Stalking-Situation an sich, die diese Gefühle auslöst.
- Aufzugeben oder sich nicht mehr für die Veränderung der Situation einzusetzen.

Wozu ist Akzeptanz gut?

- Sie soll helfen, mehr Nachsicht mit sich selbst zu haben und sich für seine Gefühle nicht zu verurteilen. Dies verbessert das Selbstwertgefühl.

- Gefühlen von Stress wird entgegengewirkt.
- Die Situation wird besser ertragen – was wie bereits erwähnt nicht bedeutet, dass man untätig bleibt und aufgibt.

2. Gefühle in ihrer Funktion prüfen

Im Anschluss an die Fragen zur Akzeptanz negativer Gefühle soll geprüft werden, ab welchem Punkt es sinnvoll erscheint, negativen Gefühlen etwas entgegenzusetzen. Hierzu soll zunächst gemeinsam überlegt werden, welche positiven Funktionen negative Gefühle haben. Folgendes sollte von den Klientinnen genannt oder von der Therapeutin ergänzt werden:

- **Stress**
  aktiviert, macht wach, erhöht für eine gewisse Zeit die Leistungsfähigkeit
- **Angst:**
  wie Stress plus Einleitung von Vermeidung/Flucht, um sich zu schützen
- **Ärger/Wut**
  energetisiert für effektive Selbstdurchsetzung/Grenzziehung
- **Depressive Verstimmung**
  kann grundsätzliche Neuorientierung bewirken
- **Traurigkeit/Enttäuschung**
  leitet Ablösung (von Zielen) ein
- **Scham**
  sorgt dafür, dass soziale Regeln eingehalten und die soziale Integration nicht gefährdet wird
- **Schuld**
  motiviert zu ethisch orientiertem Verhalten

(in Anlehnung an Berking, 2007)

Im Anschluss daran überlegt die Klientin, ob ihre eigenen negativen Emotionen ihre positive Funktion erfüllen. Sie sollte dazu angeregt werden, sich auf zwei Emotionen zu besinnen, die sie häufig empfindet oder die sie besonders belastet und sich für jede der beiden Emotionen mindestens eine positive Funktion überlegen, um sich in nächster Zeit stärker darauf zu konzentrieren.

Es ist auch möglich, dass sich Betroffene bestimmte negative Gefühle, deren positive Funktion sie eigentlich konstruktiv einsetzen könnten (z. B. Ärger, Aggression), verbieten, da sie diese für sozial unerwünscht halten.

Hier kann es hilfreich sein, an der Bewertung des Wortes «Aggression» anzusetzen: Aggression kommt vom Lateinischen *aggredior* und bedeutet: sich an einen Ort begeben, an etwas herangehen, anfangen, in Angriff nehmen. Dies beschreibt eine nicht destruktive Aggression, ein bewusstes, entschlossenes Herangehen und Handeln.

Eine weitere wichtige Funktion der Aggression ist das Setzen und Verteidigen von Grenzen. Diese Funktion ist wesentlich mit unserem Selbstwertgefühl und unserem Gefühl von Selbstwirksamkeit verbunden (Kast, 1998).

3. Was würde der Stalker denken, wenn er über meine Gefühle Bescheid wüsste?

Diese Frage zielt darauf ab, dass die Klientin erkennt, dass die lähmenden, negativen Gefühle den Täter bestätigen würden. Damit soll der Wille des Opfers mobilisiert werden, dem Täter diesen «Gefallen» nicht zu tun. Zudem kann diese Überlegung dazu verhelfen, sich von negativen, hilflosen Gefühlen zu distanzieren: Gäbe es die Stalking-Situation nicht, wären auch die negativen Gefühle nicht in diesem Ausmaß vorhanden. Sie sind in erster Linie die Konsequenz der Stalking-Handlungen und vom Stalker intendiert.

4. Aktives Ausagieren

Es kann helfen, die Gefühle «auszuagieren». Aggressionen können z. B. an einem Boxsack ausgelassen werden, depressiven Gefühlen kann z. B. durch Sport begegnet werden. Grundsätzlich sollte der Stalker vom Gefühlsleben des Opfers möglichst wenig mitbekommen, da dies eine Information für ihn darstellt, die ihn unter Umständen bestätigt und zu weiteren Handlungen motivieren könnte.

Es sollte unter keinen Umständen zu Handgreiflichkeiten gegenüber dem Stalker kommen, da dies der zentralen «Anti-Stalking-Regel» des konsequenten Ignorierens widerspricht und zudem gegen das Opfer verwendet werden könnte.

5. Mit jemandem darüber reden

Gespräche über die Situation können grundsätzlich entlastend sein. Jedoch sollte die Klientin darauf achten, im Freundes- und Familienkreis nicht ausschließlich über Stalking zu reden. Zum einen kann dies aufgrund der gedanklichen Beschäftigung mit dem Thema für das Opfer belastend sein. Zum anderen reagiert häufig auch das Umfeld der Betroffenen mit der Zeit entnervt und belastet. Daher sollten bewusst auch andere Gesprächsinhalte zugelassen werden.

6. Gefühle aufschreiben

Das Aufschreiben des eigenen Erlebens stellt eine gute Alternative zu Gesprächen dar. Hierbei kann ebenfalls ein distanzierender Effekt bezüglich der Gefühle eintreten.

7. Aktive Selbstfürsorge

Aktive Selbstfürsorge bedeutet, sich bewusst und aktiv möglichst viel Gutes zu tun, gut für sich zu sorgen. Dabei kann z. B. bedacht werden, was die Klientin selbst einer Angehörigen oder guten Freundin in einer solchen Situation raten würde. Selbstfürsorge bedeutet **nicht**, sich mit Suchtmitteln oder Medikamenten über Wasser zu halten. Medikamente können vorübergehen notwendig sein, sollten jedoch vom Arzt verschrieben und in der vorgeschriebenen Dosis eingenommen werden. Wichtig zur Emotionsregulation sind die bereits erwähnten «angenehmen Aktivitäten» (Modul S. 137ff, Anhang A13). Diese helfen, ein Gegengewicht zur Belastung zu setzen.

8. Sich loben!

Die Klientinnen müssen in ihrer Lebenssituation, in der sie immer wieder massiven Grenzüberschreitungen ausgesetzt sind, viel Kraft aufwenden, um diese zu ertragen und ihnen etwas entgegenzusetzen. Sie sollten dafür sensibilisiert werden, dass das eine Leistung ist, die v.a. ihrer eigenen Anerkennung bedarf. Die Klientinnen sollten überlegen, wie sie sich selbst gegenüber ihre Anerkennung ausdrücken können. Möglichkeiten sind, dass sie sich (in Gedanken) auf die Schulter klopfen und sich selbst in Gedanken oder auch laut loben, wenn sie eine schwierige Situation überstanden haben.

Auch von der Therapeutin kann die Leistung der Klientin nicht oft genug anerkennend rückgemeldet werden.

9. Positive Stimmungen durch bewusstes Erinnern verfügbar machen

Stalking-Opfer sind zu dem Zeitpunkt, an dem sie sich Hilfe holen, nach eigenen Aussagen oft bereits «mit den Nerven am Ende». In dieser Situation scheint das Leben, das sie führten bevor das Stalking begann, eine Ewigkeit zurückzuliegen. Positive Erfahrungen und Stimmungen aus dem «früheren Leben» sind dann oft nicht mehr zugänglich und erscheinen «wie weggeblasen».

Hier kann es hilfreich sein, mit Hilfe der folgenden Übung, für die ca. 10 Minuten eingerechnet werden soll, positive Erfahrungen aus der Vergangenheit wieder zugänglich zu machen. Die Erinnerung an positive Erfahrungen kann eine Veränderung im Hier und Jetzt bewirken und bewusst machen, dass die gegenwärtige Situation eine schwierige Phase im Leben darstellt, der jedoch auch wieder andere Phasen folgen werden.

■ Übung

Klientin schließt die Augen, Therapeutin fragt:

- «Wann haben Sie sich zuletzt stark und sicher gefühlt? ... Oder wann haben Sie sich das letzte Mal gefreut? ...
- Gibt es eine Zeit, die Sie die beste Ihres Lebens nennen würden? ...
- Wann ist Ihnen das letzte Mal etwas so richtig gut gelungen, so dass Sie stolz auf sich waren? ...
- Gehen Sie in Ihrer Erinnerung verschiedene Zeiten Ihres Lebens durch...
- Fällt Ihnen eine Zeit aus Ihrer Kindheit oder Jugend ein? ...
- Oder aus Ihrem Erwachsenenalter oder der Gegenwart? ...
- Erinnern Sie sich möglichst genau an dieses Gefühl ...
- Wie hat sich Ihr Körper angefühlt? ...
- Wie war Ihr Gesichtsausdruck? ...
- Was haben Sie in dieser Zeit getan, wie haben Sie Ihren Tag verbracht? ...
- Wie geht es Ihnen jetzt, wenn Sie sich an diese Zeit erinnern? ...
- Welche eigenen Kompetenzen und Stärken haben zu Ihrer guten Stimmung und Ihrer guten Erfahrung damals beigetragen?»

→ zwischen den Fragen bzw. Sätzen ca. 10–20 Sekunden Pause einhalten.

Umgang mit Ambivalenz gegenüber dem Stalker

Bestand zwischen dem Stalker und der Betroffenen eine engere Beziehung, z. B. eine Partnerschaft, eine Freundschaft oder eine sexuelle Beziehung, erleben Stalking-Opfer häufig ein Gefühl der Ambivalenz gegenüber dem Stalker. Diese kann auch dann noch empfunden werden, wenn die Betroffenen die wiederholten Kontaktaufnahmen bereits ignorieren. Die Ambivalenz erzeugt eine kognitive Dissonanz und wird als unangenehmer Spannungszustand erlebt, der meist verdrängt und unterdrückt wird.

Da es den Betroffenen häufig schwerfällt, sich selbst und anderen gegenüber ambivalente Gefühle gegenüber dem Stalker einzugestehen, ist aktiv danach zu fragen. Erfahrungsgemäß erleben es die Betroffenen als entlastend darüber sprechen zu können. Den Betroffenen sollte vermittelt werden, dass es sich bei der empfundenen Ambivalenz um eine verständliche emotionale Reaktion auf die Vorgeschichte handelt.

Vorbereitung

- Flipchart

Ziele der Sitzung

- Entlastung durch gezieltes Ansprechen und Auflösen zwiespältiger Gefühle
- Ablösung und Abgrenzung von der alten, destruktiven Beziehung fördern
- Nachhaltigkeit der Entscheidung stärken.

Zum Thema Ambivalenz

Therapeutin: «In der letzten Sitzung haben wir darüber gesprochen wie Sie mit belastenden Emotionen umgehen können. Ein ebenfalls belastendes Gefühl ist das Gefühl der Ambivalenz gegenüber dem Stalker. Möglicherweise empfinden diejenigen unter Ihnen, die mit dem Stalker ehemals eine engere Beziehung hatten, gegenüber dem Stalker nicht nur negative Gefühle wie Wut, Hass, Angst oder Abneigung, sondern auch andere, scheinbar widersprüchliche Gefühle. Haben Sie solche Gefühle bei sich festgestellt? (…) An welchen Ihrer Gedanken, Gefühle oder Handlungen erkennen Sie Ihre Ambivalenz?»

→ Klientinnen sammeln lassen, woran sie Ambivalenz erkennen, auf Flipchart schreiben, ggf. fehlende Punkte noch ergänzen.

Woran kann ich meine Ambivalenz erkennen?

- Unentschlossenheit hinsichtlich des Kontaktabbruchs
- den Stalker in Schutz nehmen, Gefühl sein Verhalten erklären und rechtfertigen zu müssen
- Trauer über den Verlust der Beziehung
- Hoffnung auf eine Besserung der Beziehung
- Schuldgefühle gegenüber dem Stalker, auch hinsichtlich des Kontaktabbruchs
- Auch positive Gefühle (z. B. Zuneigung) für den Stalker empfinden
- Bei gemeinsamen Kindern: Schuldgefühle gegenüber den Kindern bei vollständigem Kontaktabbruch
- Der Gedanke, dass ich ihm noch eine Chance geben sollte.

Nach dem Benennen der ambivalenten Gefühle werden die einzelnen Punkte besprochen und ggf. einer **Realitätsprüfung** unterzogen.

■ Beispiel

Bei einer Klientin äußert sich Ambivalenz in dem Wunsch nach völligem Kontaktabbruch einerseits und der Hoffnung auf eine Besserung der Beziehung andererseits

- Wie realistisch ist es, dass unsere Beziehung sich wieder zum Guten wendet, dass er seine Fehler einsieht und sich von Grund auf ändert?
- Was würde geschehen, wenn es kurzfristig wieder gut laufen würde? Was müsste passieren, damit die Situation wieder kippt?
- Wie könnte die «Hoffnung» noch zu verstehen sein? Könnte hinter der Sehnsucht nach dem alten Zustand vielleicht auch Angst (z. B. vor dem endgültigen Abschied, vor einem Neubeginn ohne die alte Rolle, vor dem Alleinsein, dem Unbekannten) stehen?
- Was ist (kurz- und langfristig) besser für mich: ohne Partner/«allein» sein und den Neubeginn wagen oder meine alte Rolle in einer destruktiven, demütigenden Beziehung wieder einnehmen?
- Wie möchte ich dieser Ambivalenz begegnen? Muss ich sie unbedingt sofort loswerden? Oder kann ich die Ambivalenz akzeptieren und warten, bis sie nachlässt?

Ambivalente Gefühle sollten nicht tabuisiert oder verdrängt werden. Ein erster wichtiger Schritt ist, die eigene Ambivalenz zu **akzeptieren** (vgl. Umgang mit belastenden Emotionen, «Akzeptanz der Gefühle fördern», S. 123). Dass es sich bei der empfundenen Ambivalenz um eine verständliche und nachvollziehbare Reaktion auf die Vorgeschichte handelt kann der Klientin bereits Erleichterung verschaffen.

Anschließend wird danach gefragt, welche Aspekte möglicherweise zu der empfundenen Ambivalenz beitragen. Die Aussagen der Klientin werden in Stichpunkten auf Flipchart notiert. Dabei sollten folgende Punkte in Betracht gezogen werden.

Was trägt zu meiner Ambivalenz bei?

1. Schuldzuweisungen

Die empfundene Ambivalenz kann ganz unabhängig von der Schwere der Grenzüberschreitungen und Gewaltanwendungen des Stalkers sein, wodurch sie für Außenstehende oft unverständlich wirkt. So bekommen die Betroffenen von Freunden und Verwandten oft zu hören: «Nach allem, was dir dieser Typ angetan hat, verteidigst du ihn auch noch und suchst nach Dingen, die **Du** falsch gemacht hast?!». Die Betroffene selbst ist jedoch emotional so verwickelt, dass sie «den Wald vor lauter Bäumen nicht sieht». Dies beruht unter anderem auf immer wiederkehrenden Verdrehungen von Tatsachen, Schuldzuweisungen, Beschwichtigungen, Entschuldigungen und Erklärungen von Seiten des Stalkers. So berichten Stalking-Opfer z. B., dass sie sich anfangs zwar im Recht fühlten, aber zunehmend an sich und ihrer Meinung zu zweifeln begannen.

2. Zögerliche Reaktion des Umfeldes

Da der Stalker gegenüber Angehörigen und Freunden der Betroffenen häufig Tatsachen verdreht und Schuld umkehrt, kann sich die Situation nach außen hin ganz anders darstellen als für die Betroffene selbst. Reagiert das Umfeld daraufhin zögerlich auf Hilferufe des Opfers, kann dies wiederum zur Verunsicherung und Ambivalenz beitragen.

3. Mangelndes Bewusstsein für die eigenen Grenzen

Ein unterentwickeltes Bewusstsein für die eigenen Grenzen im zwischenmenschlichen Umgang kann dazu beitragen, dass die Klientin Grenzüberschreitungen eher zulässt, ohne sich über das ihr widerfahrende Unrecht im Klaren zu sein.

4. Funktion der in der Beziehung eingenommenen Rolle

Bei den betroffenen Frauen besteht häufig nicht nur eine **Bindung** an den Ex-Partner, sondern auch **an ihre alte, in der Beziehung eingenommene Rolle**. Diese kann, auch wenn sie noch so nachteilig für die Betroffene ausgefallen sein mag, eine Sicherheit geboten haben – oft allein dadurch, dass sie vertraut war.

Es lohnt sich, auch einen Blick auf die **Funktion** der eigenen Rolle in der Beziehung zu werfen. Beispielsweise kann die Rolle der aufopferungsvollen Helferin (z. B. durch Versuche, den Partner von seiner Alkoholabhängigkeit zu «befreien») für die Klientin eine Selbstaufwertung bedeutet haben – eine Möglichkeit zur Erhöhung ihres Selbstwertgefühls, die ihr nach der Trennung nicht mehr zur Verfügung steht.

5. Gemeinsame Kinder/Bindung an den Stalker

Gemeinsame Kinder mit dem Stalker erschweren die Situation zusätzlich. Ambivalente Gefühle bestehen hier bspw. in Schuldgefühlen gegenüber den Kindern, wenn die Klientin konsequente Schritte (Anzeige, einstweilige Verfügung, Kontaktabbruch etc.) gegen den Vater der Kinder einleitet. Dabei sehen sich die Betroffenen häufig mit der Situation konfrontiert, dass sich ihre Kinder nichts mehr wünschen als den Kontakt zwischen den Eltern. Den Kindern erklären zu müssen, dass kein Kontakt zwischen Mutter und Vater mehr möglich ist und gleichzeitig ihnen gegenüber möglichst neutral über ihren Vater zu sprechen, verlangt angesichts der angespannten Lage den Betroffenen viel ab. Berücksichtigen die Betroffenen die im Zusammenhang mit Stalking günstigen Verhaltensstrategien, sehen sie sich häufig mit dem Gedanken konfrontiert, den Kindern ihren Vater zu nehmen – ein zusätzlich belastender Gedanke, der von Außenstehenden und Institutionen (z. B. Gerichten) in manchen Fällen noch unterstützt wird.

6. Bagatellisieren aus Angst vor dem Ausmaß des Problems

Sich eingestehen zu müssen, wie zerstörerisch die Beziehung zum Stalker in der Vergangenheit war oder dass die gegenwärtige Situation unter Umständen gefährlich ist, kann Angst erzeugen. Diese Angst kann dazu führen, dass die Betroffene den Kontakt zum Stalker aufrecht erhält, um eine Eskalation der Situation zu vermeiden.

Die Angst vor dem Stalker kann auch dazu führen, dass sich die Betroffene (zumindest teilweise) auf seine Seite schlägt und ihm recht gibt oder das Ausmaß des Problems «klein redet» (bagatellisieren). Damit wird der Konflikt für die Betroffene subjektiv abgemildert, wodurch sie mehr (vermeintliche) Kontrolle über die Situation empfindet.

Modul Selbstkonzept/Opferrolle

Dieses Modul soll helfen, das Selbstkonzept «Stalking-Opfer» genauer zu beleuchten und zu hinterfragen. Einige Betroffene möchten nicht als «Opfer» bezeichnet werden, da sie diesen Ausdruck mit Hilflosigkeit und Machtlosigkeit verbinden. Vollkommen hilf- und wehrlos sind Menschen, die gestalkt werden, jedoch praktisch nie, außer sie haben entsprechende Grundüberzeugungen. Hier setzt die Unterscheidung zwischen den Begriffen «Opfer» und «Opfer-Rolle» an. Betroffene sind «Opfer», da es einen Täter gibt, der sie durch sein Verhalten in Angst versetzt und da sie ohne Hilfe die Situation nur schwer bewältigen können. In eine «Opfer-Rolle» begeben sich Betroffene eher unbewusst z. B. durch die Grundüberzeugung, machtlos und hilflos ausgeliefert zu sein oder durch eigenes, ungünstiges Verhalten, wie z. B. übermäßige Beschäftigung mit dem Stalker oder Vernachlässigung positiver Aktivitäten. Das folgende Modul setzt an der Unterscheidung dieser Begrifflichkeiten an. Ziel ist es, dass die Betroffenen Handlungsspielräume erkennen und sich bewusst werden, dass sie eine Rolle auch wieder ablegen können. Dies trägt zur Entlastung der Betroffenen bei und führt dazu, dass sie wieder mehr Kontrolle über die Situation empfinden.

Vorbereitung

- Flipchart.

Ziele der Sitzung

- Hinterfragen des (Selbst-)Konzepts «Opfer»
- Erkennen der «Opfer-Rolle» und der Möglichkeit, diese wieder ablegen zu können
- Konsolidierung der bereits gelernten Bewältigungsstrategien.

Hinführung zum Thema

Es gibt verschiedene Möglichkeiten, zum Thema Opfer/Opferrolle hinzuleiten. Je nachdem, wie weit die Klientin im therapeutischen Prozess fortgeschritten ist, können unterschiedliche Möglichkeiten sinnvoll sein. In jedem Fall sollte zunächst nach Gedanken und Gefühlen im Zusammenhang mit dem Begriff «Stalking-Opfer» gefragt werden:

Therapeutin: «Im Zusammenhang mit Ihrer Situation als Stalking-Betroffene ist Ihnen wahrscheinlich häufiger der Begriff «Opfer» begegnet. Was halten Sie von diesem Begriff? Welche Gefühle und Gedanken löst er bei Ihnen aus?»

→ Antworten sammeln, Stichpunkte auf Flipchart notieren. Möglicherweise spricht die Klientin bereits von Hilflosigkeit und Machtlosigkeit, die sie mit dem Begriff verbindet oder von einem negativen Beigeschmack des Wortes «Opfer», weil sie damit Personen verbinde, die eine Opferhaltung an den Tag legen, die von Selbstmitleid gekennzeichnet ist.

Anhand dieser negativen Konnotationen kann der Begriff «Opferrolle» eingeführt werden:

■ Beispiel

Therapeutin: «Von Ihnen wurden überwiegend negative Assoziationen zum Begriff «Opfer» genannt. Möglicherweise beziehen sich diese negativen Assoziationen jedoch nicht wirklich auf den Begriff «Opfer», sondern Sie verbinden sie eher mit dem, was unter «Opferrolle» zu verstehen ist. Was unterscheidet Ihrer Meinung nach die Begriffe «Opfer» und «Opferrolle»?»

→ auf Flipchart eine Tabelle mit zwei Spalten zeichnen; in einer Spalte sammeln was zum «Opfer sein» und in der anderen Spalte, was zur «Opferrolle» gehört. Folgende Punkte sind dabei relevant und sollten ggf. ergänzt werden:

Opfer sein bedeutet …

Allgemein:

- Als Opfer bezeichnet man die durch eine Straftat geschädigte Person, deren körperliche und/oder psychische Versehrtheit dadurch angegriffen wird.

Bei Stalking:

- Es gibt einen Gegenpart zum Opfer, nämlich einen Täter, den Stalker.

- Dem Opfer wird nachgestellt, es fühlt sich dadurch bedrängt und verängstigt, die eigenen Grenzen werden überschritten, die Intimsphäre wird verletzt (→ «Psychoterror»).
- Aus der Belastung resultieren negative Konsequenzen, z. B. die Verschlechterung der Arbeitsleistung durch Konzentrationsstörungen oder Schlafprobleme.
- In manchen Fällen muss mit dem Schlimmsten gerechnet werden (z. B. Morddrohungen sollten ernst genommen werden) und man fürchtet ggf. auch um Angehörige oder Freunde.

Opferrolle bedeutet ...

Allgemein:

- Mich in einer Rolle befinden, in die ich mich selbst (oft unbewusst) begeben habe.
- Von der Rolle kann ich mich befreien im Gegensatz zum tatsächlichen Opfer-Sein (Dies kann bei den obigen Punkten sowie bei den einzelnen nachfolgenden Stichpunkten mit den Fragen überprüft werden: «Ist daran etwas veränderbar? Kann ich zur Veränderung selbst etwas beitragen?»).

Bei Stalking:

1. Übermäßig lange in der Situation verharren ohne mir Hilfe zu holen oder etwas zum eigenen Schutz zu unternehmen.
2. Eigene Bedürfnisse verleugnen, mich immer wieder auf die Seite des Täters ziehen lassen, versuchen ihn zu verstehen, die Situation verdrängen oder beschönigen, mich nicht durchsetzen.
3. Mich kleiner und hilfloser machen als ich eigentlich bin, den eigenen Handlungsspielraum (auch bzgl. der Opferrechte) nicht wahrnehmen, mich in die Enge treiben lassen.
4. Dem Täter übermäßig viel Raum in meinem Leben geben, so dass ich
   - über nichts anderes mehr spreche
   - mich stärker sozial zurückziehe, als es die Sicherheit erfordert
   - mich gedanklich übermäßig mit dem Stalker beschäftige
   - meinen Frust und Ärger an anderen Stellen auslasse
   - auch wenn das Stalking bereits längere Zeit zurückliegt, im Leid, in der Hoffnungslosigkeit («Ich werde nie wieder einen Partner finden dem ich vertrauen kann») und im Misstrauen gegenüber anderen Menschen verharre.

Anschließend sollte besprochen werden, **was die Klientin tun kann, um sich so gut wie möglich von der Opferrolle zu befreien.** Hierbei werden einige Punkte noch einmal aufgegriffen, die bereits in anderen Modulen besprochen wurden. Dies ist beabsichtigt und stellt eine gute Möglichkeit der Konsolidierung des bereits Gelernten dar.

zu 1. Schnellstmöglich Hilfe holen, sich informieren, wie sie sich in einer solchen Situation am besten verhalten kann.

zu 2. Eigene Bedürfnisse wahrnehmen, zulassen und durchsetzen. Den eigenen Plan einhalten, statt sich immer wieder überreden zu lassen zu noch einem «letzten» Gespräch.

zu 3. Handlungsspielraum wahrnehmen und alles Mögliche tun, um die eigenen Grenzen zu wahren.

zu 4. Das negative Geschehen begrenzen auf das, was es ist. Angst zu empfinden ist nur angemessen und kann zum gewissen Ausmaß auch schützen, jedoch sollte sie die Handlungsfähigkeit der Klientin nicht einschränken. Angenehme Aktivitäten, Interessen und Hobbys sollten so weit es geht aufrecht erhalten werden; sie verbessern die Stimmung und helfen, sich nicht nur als Opfer zu fühlen sondern als Mensch, der trotz der schwierigen Situation sein eigenes Leben führt.

Modul: Aufbau angenehmer Aktivitäten

Dieses Modul eignet sich insbesondere für Personen, die ihr Leben aufgrund des Stalking unverhältnismäßig stark eingeschränkt haben, die sich aus Angst vor dem Stalker zuhause zurückziehen und nur noch sehr wenigen oder gar keinen Aktivitäten mehr nachgehen.

Diese Klientinnen haben häufig durch den sozialen Rückzug depressive Verstimmungen als Folge des Verstärkerverlusts entwickelt, ein geringes Selbstwertgefühl und eine geringe Selbstwirksamkeitserwartung. Für diese Klientinnen ist es besonders wichtig, wieder gezielt am Leben teilzunehmen, indem sie positive und soziale Aktivitäten wieder aufnehmen oder ausbauen. Ziel ist es, ihren Handlungsspielraum zu erweitern, ihre Stimmung zu verbessern und dadurch ihr Selbstvertrauen und ihr Gefühl von Selbstwirksamkeit zu stärken.

Vorbereitung

- Flipchart
- Liste angenehmer Aktivitäten.

Ziele

- Handlungsspielraum erweitern
- Selbstvertrauen stärken
- Stimmung verbessern.

Therapeutin: «Den Zusammenhang zwischen Denken, Handeln und Fühlen haben wir bereits besprochen. Sie erinnern sich an das Dreieck, das ich Ihnen in der ersten Sitzung aufgezeichnet habe? Im Verlauf der bisherigen Sitzungen haben Sie davon berichtet, dass Sie sich aufgrund der Stalking-Situation zeitweise sehr stark in Ihr Schneckenhaus zurückziehen. Dass das für Ihre Stimmung nicht förderlich ist, haben wir bereits besprochen, als wir analysierten, welche Ihrer

Verhaltensweisen *für Sie* günstig sind und welche nicht. Oft verliert man in einer besonders stressreichen Situation aber auch das Interesse und die Lust an «schönen Dingen» oder hat gar keine Ideen mehr, was man tun könnte. Auch wenn Sie im ersten Moment das Gefühl haben, etwas Schönes zu unternehmen wird Ihnen nichts geben, wird es Ihre Stimmung jedoch mit großer Wahrscheinlichkeit auf Dauer verbessern. Dies ist auch dann der Fall, wenn Sie die Unternehmungen zunächst nicht so sehr genießen können, wie Sie das tun würden, wenn es die Stalking-Situation nicht gäbe. Heute möchte ich Sie dazu anregen, Ideen für kleine oder auch größere Unternehmungen zu sammeln. Vielleicht inspiriert und ermutigt es Sie, in Zukunft mehr davon in Ihren Alltag zu integrieren.»

Flipchart

Überschrift: **«Wenn es die Belästigung nicht gäbe, würde ich ...»**

1. Folgende Fragen können die Klientin dazu anregen Ideen für angenehme Tätigkeiten zu entwickeln:
   - «Was würden Sie tun wenn der Stalker Sie ab sofort in Ruhe lassen würde?»
   - «Was haben Sie früher gerne gemacht? (z. B. Hobbys, die nicht mehr gepflegt werden)»
   - «Was wollten Sie schon immer mal machen – doch bisher hat es sich nicht ergeben bzw. Sie haben es sich nicht getraut oder geleistet?»

→ Die Antworten der Klientin werden auf Flipchart gesammelt

2. Falls keine oder sehr wenige Ideen genannt werden, kann die Liste mit angenehmen Aktivitäten (vgl. Anhang A13) ausgehändigt werden. Zunächst soll sie dazu dienen, den Klientinnen weitere Ideen für Aktivitäten zu liefern. Diese schreibt die Therapeutin dann auf das Flipchart. Werden genügend Ideen für Aktivitäten genannt, wird die Liste angenehmer Aktivitäten am Ende der Sitzung als zusätzliche Anregung ausgehändigt. Mit ihrer Hilfe sollen die Klientinnen zuhause eine persönliche Liste angenehmer Aktivitäten erstellen, indem sie sich alle Aktivitäten aus der Vorlage heraussuchen, die auf sie zutreffen.
3. Alle Aktivitäten, die **sofort** (trotz Stalking) – **umsetzbar** sind, werden mit grünem Stift markiert.
   Im Gruppensetting können diejenigen Teilnehmerinnen, die sich sozial weniger zurückgezogen haben und einigen Aktivitäten nachgehen, als «Co-Therapeutinnen» hilfreich sein, wenn eine Klientin alle Aktivitäten mit der Begründung ablehnt, dass sie in ihrer Situation zu gefährlich seien. Wenn z. B. die Therapeutin der Meinung ist, dass eine Klientin trotz Stalking spazieren

gehen kann, solange sie den Sicherheitsaspekt berücksichtigt, die Klientin dies jedoch für unmöglich hält, können andere Klientinnen als Modell fungieren.

4. Über alle grün markierte Aktivitäten kann nun eine **Rangreihe** gebildet werden, die anzeigt, welche Aktivitäten für die Betroffene am einfachsten, welche am schwierigsten umzusetzen sind.
   Schwierig umzusetzen können z. B. auch Aktivitäten sein, die die Klientin aus finanziellen Gründen nicht durchführen kann (z. B. ein Wochenende in einem Wellness-Hotel), während z. B. die Verabredung zum Walking mit der Nachbarin einfach umsetzbar sein kann.
   Die Klientin sollte mit den einfach umsetzbaren Aktivitäten beginnen und konkret planen, wann, wie und wo sie diese Aktivitäten durchführt. Bis zum nächsten Treffen sollte mindestens eine neue «Aktivität» ausprobiert und berichtet werden, wie es geklappt hat und wie es ihr anschließend ging. Dies kann auch im Stalking-Tagebuch festgehalten werden. Danach kann die Liste angenehmer Aktivitäten weiter «abgearbeitet» werden indem verschiedene Aktivitäten, die ein Gegengewicht zur Stalkingbelastung setzen, sukzessive bewusst in den Alltag integriert werden.

■ Zu beachten

Im Unterschied zu der Behandlung Depressiver können Rückzug und die Einschränkung von Aktivitäten bei Stalking **sinnvolle Schutzmaßnahmen** sein!

Bei der Planung von Aktivitäten gilt wie bei allen Interventionen: Die Sicherheit der Betroffenen hat höchste Priorität und sollte immer mit berücksichtigt werden. Bei der Durchführung angenehmer Aktivitäten kann dies z. B. konkret bedeuten, dass die Klientin mit Laufpartner oder in einer Laufgruppe joggt anstatt alleine im Wald zu laufen.

Abschlusssitzung

In der Abschlusssitzung werden offen gebliebene Fragen oder Bedürfnisse geklärt und ein Feedback der Klientin eingeholt. Manche Klientinnen haben zudem das Bedürfnis, darüber zu sprechen, wie sie es verhindern können, noch einmal an einen Partner zu geraten, der sich als Stalker entpuppt.

Kann ich frühzeitig erkennen, wenn ich an einen (potenziellen) Stalker gerate?

Da man letztlich nie vorhersehen kann, wie sich ein Partner im Laufe einer Beziehung entwickelt, gibt es hierbei keine endgültige Sicherheit. Jedoch gibt es bestimmte Warnsignale, auf die geachtet werden sollte:

- Partner hat in früheren Beziehungen bereits gestalkt.
- Partner legt ein eifersüchtiges, besitzergreifendes Verhalten an den Tag, missbilligt oder untersagt Kontakt zu Freunden oder Familie.

Sollte die Klientin tatsächlich noch einmal an einen Stalker geraten, lautet die Maxime, schnell und sicher zu handeln, eine «saubere», das heißt eindeutige, klare und konsequente Trennung unter Vermeidung unnötiger Kränkungen und Verletzungen zu vollziehen und die gelernten Verhaltensstrategien (insbesondere das konsequente Ignorieren und das rechtzeitige, konsequente Einschalten der Polizei) einzusetzen.

Inhalte der Sitzungen zusammenfassen

Die Therapeutin gibt anhand der Flipchart-Aufzeichnungen eine kurze Zusammenfassung über die Themen, die im Verlauf der Intervention bearbeitet wurden und über die von der Klientin entwickelten Handlungsstrategien und Lösungsansätze.

Feedback

Als Therapeutin ist es hilfreich, zum Abschluss der Intervention von der Klientin ein Feedback zu erhalten.

Die Rückmeldung durch die Klientin kann durch folgende Fragen eingeleitet werden:

- Was hat sich bezüglich Ihres Umgangs mit der Stalking-Situation durch die Beratung/Therapie/Gruppe konkret verändert?
- Was haben Sie gelernt? Was war für Sie hilfreich?
- Was hat Ihnen gefallen?
- Was hat Ihnen nicht gefallen/sollte verbessert werden?
- Was haben Sie vermisst?

Hier sollte auch auf die **Erwartungen** der Klientin Bezug genommen werden, die in der ersten Sitzung auf Flipchart notiert wurden.

- Inwieweit wurden die Erwartungen erfüllt?
- Was hat sich nicht erfüllt?

Den Abschluss gestalten

Zum Schluss wird mit der Klientin eine Vereinbarung getroffen, ob und in welcher Form ein Kontakt mit der Beraterin weiter bestehen kann:

- Kann und will die Beraterin/Therapeutin der Klientin das Angebot machen, sich bei Bedarf (z. B. Verschärfung der Stalking-Situation, Verschlechterung ihres Befindens) wieder bei ihr zu melden? Wenn nicht, an welche Stelle oder an welche Person kann sich die Klientin in einem solchen Fall wenden? (→ die Klientin sollte einen konkreten Ansprechpartner mit Kontaktdaten haben)
- Werden – unabhängig vom Verlauf des Stalkings und dem Befinden der Klientin – eine oder mehrere «Booster-Sessions» (z. B. Sitzungen im Abstand von mehreren Monaten zur Auffrischung der Inhalte der Intervention und zur Begleitung im Verlauf des Stalkings) durchgeführt? Wenn ja, Termin für die Booster-Session in der Abschlusssitzung festlegen.

Literaturverzeichnis

Ainsworth, M.D.S. (1989). Attachments beyond infancy. American Psychologist, 44 (4), 709–716.

Alexy, E.M., Burgess, A.W., Baker, T. & Smoyak, S. (2005). Perceptions of cyberstalking among college students. Brief Treatment and Crisis Intervention, 5, 279–289.

American Psychiatric Association (2002). Diagnostic and Statistical Manual of Mental Disorders DSM-IV-TR. (Fourth edition. Text revision ed.). Washington DC: American Psychiatric Association.

Bech, P. (2004). Measuring the dimensions of psychological general well-being by the WHO-5. QoL Newsletter, 32, 15–16.

Berking, M. (2007). Training Emotionaler Kompetenzen. Heidelberg: Springer.

Blaauw, E., Sheridan, L. & Winkel, F.W. (2002). Designing anti-stalking legislation on the basis of victims' experiences and psychopathology. Psychiatry, Psychology and Law, 9, 136–145.

Blaauw, E., Winkel, F.W., Arensman, E., Sheridan, L. & Freeve, A. (2002). The toll of stalking: The relationship between features of stalking and psychopathology of victims. Journal of Interpersonal Violence, 17, 50–63.

Bocij, P. & McFarlane, L. (2003). Cyberstalking. The technology of hate. The Police Journal, 149, 37–42.

Bowlby, J. (1969). Attachment and loss: Vol. I. Attachment. New York: Basic Books.

Bowlby, J. (1980). Attachment and loss: Vol. III. Loss, sadness and depression. New York: Basic Books.

Budd, T. & Mattinson, J. (2000). The extent and nature of stalking: Findings from the 1998 British Crime Survey. London: Home Office.

Center for Disease Control and Prevention (2003, March). Costs of intimate partner violence against women in the United States. Atlanta

D'Ovidio, R. & Doyle, J. (2003). A study on cyberstalking: Understanding investigative hurdles. FBI Law Enforcement Bulletin, 72(3), 10–17.

Dreßing, H. & Gass, P. (2002). Stalking – vom Psychoterror zum Mord. Der Nervenarzt, 73, 1112–1115.

Dreßing, H. & Gass, P. (2005). Stalking! Verfolgung, Bedrohung, Belästigung. Bern: Verlag Hans Huber.

Dreßing, H. & Gass, P. (2007). Versorgungslücken und ökonomische Folgekosten von Stalking. Versicherungsmedizin, 4, 163–165.

Dreßing, H. & Gass, P. (2008). Psychiatrische Aspekte von Stalking. Psychiatrie und Psychotherapie up2date, 2, 117–132.

Dreßing, H., Klein, U., Bailer, J., Gass, P. & Gallas, C. (2009). Cyberstalking. Nervenarzt, 80 (7), 833–836.

Dreßing, H., Kühner, C. & Gass, P. (2005a). Prävalenz von Stalking in Deutschland. Psychiatrische Praxis, 32, 73–78.

Dreßing, H., Kühner C. & Gass, P. (2005b). Lifetime Prevalence and Impact of Stalking in a European Population: Epidemiological Data from a middle-sized German City. British Journal of Psychiatry, 187, 168–172.

Dreßing, H., Martini, M., Witthöft, M., Bailer, J. & Gass, P. (2007). Werden Journalisten häufiger Stalking-Opfer? Erste Empirische Untersuchungsergebnisse. Gesundheitswesen, 69 (12), 699–703.

Dreßing, H, Scheuble, B & Gass, P. (2006). Stalking – a significant problem for patients and psychiatrists. British Journal of Psychiatry, 189, 566.

Dutton, D.G. & Golant, S.K. (1995): The batterer. New York: Basic Books.

Finn, J. (2004). A survey of online harassment at a university campus. Journal of Interpersonal Violence, 19, 468–483.

Fthenakis, W.E. (1995). Kindliche Reaktionen auf Trennung und Scheidung. Familiendynamik, 20, 127–154.

Gallas, C., Bindeballe, N., Gass, P. & Dreßing H. (2009). Implementierung eines strukturierten therapeutischen Gruppenprogramms für Stalking-Opfer: ein Pilotprojekt. Psychotherapeut, 54 (3), 199–204.

Goerke, B. (2003). Patient und Psyche. Eine Einführung für Pharmazeuten. Eschborn: Govi-Verlag.

Habermeyer, E. & Norra, C. (2004). Stalking: Probleme bei der Differenzierung zwischen sozialer Auffälligkeit und psychischer Störung. Gesundheitswesen, 66, 337–340.

Habermeyer, E. (2006). Stalking: Forensisch-psychiatrische Aspekte. Familie, Partnerschaft, Recht, 5, 196–198.

Hall, D. M. (1998). The victims of stalking. In J. R. Meloy (Ed.), The psychology of stalking. Clinical and forensic perspectives (pp. 113–137). San Diego, San Francisco, New York, Boston, London, Sydney, Tokyo: Academic Press.

Hautzinger, M. (2000). Depressionen im Alter. Erkennen, bewältigen, behandeln. Ein kognitiv-verhaltenstherapeutisches Gruppenprogramm. Weinheim: Psychologie Verlags Union.

Henkel, V., Mergel, R. & Kohnen, R. (2003). Identifying depression in primary care: A comparison of different methods in a prospective cohort study. British Medical Journal, 326, 200–201.

Hoffmann, J. & Voß, H.G. (2006). Psychologie des Stalking. Grundlagen – Forschung – Anwendung. Frankfurt: Verlag für Polizeiwissenschaft.

Hofmann, C. (2009). Psychische Störungen bei Stalking-Opfern: Zeitlicher Verlauf und Zusammenhänge mit individuellen Schutz- und Risikofaktoren sowie Merkmalen des Stalkings. Universität Mannheim, Fakultät für Sozialwissenschaften, Klinische und Biologische Psychologie: Unveröffentlichte Diplomarbeit.

JIM-Studie (2008). Medienpädagogischer Forschungsverbund Südwest. Forschungsberichte. Stuttgart

Kaluza, G. (2004). Stressbewältigung. Trainingsmanual zur psychologischen Gesundheitsförderung. Heidelberg: Springer.

Kamphuis, J.H.E. & Emmelkamp, P.M.G. (2000). Stalking – a contemporary challenge for forensic and clinical psychiatry. British Journal of Psychiatry, 176, 206–209.

Kamphuis, J. & Emmelkamp, P. (2001). Traumatic distress among support-seeking female victims of stalking. American Journal of Psychiatry, 158 (5), 795–798.

Kanfer, F. & Saslow, G. (1965). Behavioral analysis: an alternative to diagnostic classification. Archives of General Psychiatry, 12, 529–538.

Kast, Verena (1998). Abschied von der Opferrolle: Das eigene Leben leben. Freiburg: Herder.

Kernberg, O.F. (1975). Borderline-Störung und pathologischer Narzissmus. Frankfurt/Main: Suhrkamp.

Kienlen, K., Birmingham, D., Solberg, K., O'Regan, J. & Meloy, J. R. (1997). A comparative study of psychotic and nonpsychotic stalking. Journal of the American Academy of Psychiatry and the Law, 25, 317–334.

Kohut, H. (1973a). Narzissmus. Eine Theorie der psychoanalytischen Behandlung narzisstischer Persönlichkeitsstörungen. Frankfurt/Main: Suhrkamp.

Kohut, H. (1973b). Überlegungen zum Narzissmus und zur narzisstischen Wut. Psyche, 6, 513–554.

Kühner, C., Gass, P. & Dreßing, H. (2007). Increased risk of mental disorders among lifetime victims of stalking – Findings from a community study. European Psychiatry, 22, 142–145.

Kühner, C. & Weber, I. (2001). Depressionen vorbeugen. Ein Gruppenprogramm nach R.F. Munoz. Göttingen: Hogrefe.

Linden, M. & Hautzinger, M. (2008).Verhaltenstherapiemanual. Heidelberg: Springer.

Löwe, B., Spitzer, R., Zipfel, S. & Herzog, W. (2002). Gesundheitsfragebogen für Patienten (PHQ-D). Manual und Testunterlagen. 2. Auflage. Karlsruhe: Pfitzer.

McCann, J.T. (2000). A descriptive study of child and adolescent obsessional followers. Journal of Forensic Sciences, 45, 195–199.

Meichenbaum, Donald (1991). Intervention bei Stress. Bern: Verlag Hans Huber.

Meloy, J.R. (1998). The psychology of stalking: Clinical and forensic perspectives. San Diego: Academic Press.

Meloy, J.R. (1999). Stalking: an old behaviour, a new crime. Psychiatric Clinics of North America, 22, 85–99.

Moessner, C. (2007). Cyberstalking. Trends Tudes 6 :1–4

Mullen, P.E. & Pathé, M. (1994). The pathological extensions of love. British Journal of Psychiatry, 165, 614–623.

Mullen, P.E., Pathé, M., Purcell, R. & Stuart, G.W. (1999). Study of stalkers. American Journal of Psychiatry, 156, 1244–1249.

Patchin, J.W. & Hinduja, S. (2006). Bullies move beyond the schoolyard: a preliminary look at cyberstalking. Youth Violence Juvenile Justice, 4, 148–169.

Pathé, M. & Mullen, P.E. (1997). The impact of stalkers on their victims. British Journal of Psychiatry, 170, 12–17.

Purcell, R., Pathé, M. & Mullen, P. (2002). The prevalence and nature of stalking in the Australian community. Australian and New Zealand Journal of Psychiatry, 36, 114–120.

Purcell, R., Pathé, M. & Mullen, P. (2005). Association between stalking victimisation and psychiatric morbidity in a random community sample. British Journal of Psychiatry, 187, 416–420.

Purcell, R., Moller, B., Flower, T. & Mullen, P. (2009). Stalking among juveniles. British Journal of Psychiatry, 194, 451–455.

Rogers, C. (1951). Client-centered Therapy: Its Current Practice, Implications and Theory. London: Constable.

Schiefelbein, E. (2009). Interventionsmöglichkeiten bei Stalking. Universität Mannheim: Unveröffentlichte Dissertation.

Sheridan, L.P., Davies, G.M. & Boon, J.C.W. (2001). Stalking: Perceptions and prevalence. Journal of Interpersonal Violence, 16, 151–167.

Sheridan, L.P. & Blaauw, E. (2004). Characteristics of false stalking reports. Criminal Justice and Behavior 31(1), 55–72.

Skinner, B.F. (1938). The behavior of organism: An experimental analysis. New York: Appleton-Century-Crofts.

Spitzberg, B.H. (2002). The tactical topography of stalking victimization and management. Trauma Violence and Abuse, 3, 261–288.

Spitzberg, B.H. & Cupach. W.R. (2007). The state of the art of stalking: Taking stock of the emerging literature. Aggression and Violent Behavior, 12(1), 64–86.

Spitzberg, B.H. & Hoobler, G. (2002). Cyberstalking and the technologies of interpersonal terrorism. New Media & Society, 4, 71–92.

Stadler, L. (2009). Ex-Partner-Stalking im Kontext familienrechtlicher Auseinandersetzungen: Konsequenzen für die Kinder und Handlungsoptionen für beteiligte professionelle Akteure. Frankfurt: Verlag für Polizeiwissenschaft.

Tjaden, P. & Thoennes, N. (1998). Stalking in America: findings from the National Violence Against Woman Survey, Denver (CO): Center for Policy Research.

Voß, H.G., Hoffmann, J. & Wondrak, I. (2005). Stalking in Deutschland – aus Sicht der Betroffenen und Verfolger. Baden-Baden: Nomos.

Walper, S. & Gerhard, A.-K. (2003). Entwicklungsrisiken und –chancen von Scheidungskindern: neuere Perspektiven und Befunde. Praxis der Rechtspsychologie, 13(1), 91–113.

Westrup, D. (1998). Applying functional analysis to stalking behaviour. In: J. R. Meloy (Ed.). The psychology of stalking. Clinical and forensic perspectives (p. 275–294). San Diego: Academic Press.

Wilken, B. (2006). Methoden der kognitiven Umstrukturierung. Ein Leitfaden für die psychotherapeutische Praxis. 3. aktualisierte Auflage. Stuttgart: Kohlhammer & Urban.

Wolak, J., Mitchell, K.J. & Finkelhor, D. (2007). Does online harassment constitute bullying? An exploration of online harassment by known peers and online-only contacts. Journal of Adolescence Health, 41, 51–58.

Wolf, Doris (2007). Ängste verstehen und überwinden: Wie Sie sich von Angst, Panik und Phobien befreien. Mannheim: PAL.

Zona, M.A., Palarea R.E. & Lane, J. (1998). Psychiatric diagnosis and the offender – victim typology of stalking. In J.R. Meloy (Ed.). The psychology of stalking. Clinical and forensic perspectives (p. 69–84). San Diego: Academic Press.

Zona, M.A., Sharma, K. & Lane, J. (1993). A comparative study of erotomanic and obsessional subjects in a forensic sample. Journal of Forensic Sciences, 38, 894–903.

Literatur zur Einführung in das Thema «Stalking»

Dreßing, H. & Gass, P. (2005). Stalking! Verfolgung, Bedrohung, Belästigung. Bern: Verlag Hans Huber.

Hoffmann, J. (2005). Stalking. Heidelberg: Springer Verlag.

Rusch, S. (2007). Stalking – Ein Leitfaden für die Ausbildung in allen Praxisbereichen – Umgang mit dem Phänomen – Grundlagen. Bremen: Riebank-Rusch-Verlag.

Rechtlicher Hintergrund

Weiner, B. & Haas, U.I. (2009). Opferrechte bei Stalking, Gewalt- und Sexualverbrechen/Rechte wahrnehmen. München: Deutscher Taschenbuchverlag (Beck-Rechtsberater im dtv).

Anhang

A1 Gesprächsleitfaden Erstberatung 149
A2 Fragebogen zum Wohlbefinden (WHO-5) 153
A3 Infoblatt «Anti-Stalking-Regeln» 154
A4 Infoblatt «Maßnahmen bei Cyberstalking» 156
A5 Infoblatt «Rechtlicher Schutz gegen Stalking» 157
A6 Stalking-Tagebuch 159
A7 Infoblatt «Wie lernt der Stalker?» 160
A8 Arbeitsblatt «Für mich günstige und ungünstige Verhaltensweisen» 162
A9a Infoblatt «Stressimpfung» 163
A9b Arbeitsblatt «Stressimpfung» 165
A10 Infoblatt «Gedanken hinterfragen» 167
A11 Imaginationsübungen zur Unterbrechung kreisender Gedanken 168
A12 Atemübungen, Kurzentspannung 170
A13 Liste angenehmer Aktivitäten 171

So hilft der Weisse Ring....................................... 177

Erstgespräch Stalking · Gesprächsleitfaden

Klient/Klientin: ____________________ **Datum:** ____________________

1. Beziehung Opfer – Täter

1.1 **Ist Ihnen der Täter bekannt?**
☐ ja ☐ nein

1.2 **Wenn ja, woher ist Ihnen der Täter bekannt?**
☐ Partner/Ex-Partner ☐ Familienangehörige/r ☐ beruflicher Kontakt
☐ Zufallsbekanntschaft ☐ Freund/Bekannter ☐ Nachbar

1.3 **Gibt es besondere Berühungspunkte?** (z. B. gemeinsame Kinder, Eigentum o. Ä.)
☐ ja ☐ nein
Wenn ja, welche?

1.4 **Auslöser des Stalking** (Mehrfachnennungen möglich)
☐ Beendigung Beziehung ☐ Zurückweisung ☐ Beziehungssuche ☐ unbekannt
☐ anderes:

1.5 **Motivation der unerwünschten Handlungen des Täters** (Mehrfachnennungen möglich)
☐ Liebe/Eifersucht ☐ Rache ☐ Geltungssucht ☐ berufliche Konkurrenz ☐ unbekannt
☐ anderes:

2. Stalking: Handlungsweisen und Verlauf

2.1 **Wann begann das Stalking?**
Datum:

2.2 **Wann war der letzte Stalking-Vorfall?**
Datum:

2.3 **Welche unerwünschte Handlungen werden vom Täter ausgeübt?**
☐ Telefonanrufe
☐ SMS
☐ E-Mails ☐ Briefe ☐ Fax
☐ Geschenke ☐ Bestellungen im Auftrag des Opfers
☐ Drohungen
☐ Auflauern ☐ in der Nähe herumtreiben
☐ Verfolgen
☐ Beschimpfungen, Beleidigungen
☐ tätlicher Angriff, und zwar:
☐ Sachbeschädigung ☐ Hausfriedensbruch
☐ belästigt/bedroht Dritte
☐ Verleumdung
☐ geht gegen Haustiere vor
☐ andere:

2.4 **Wie häufig wurden vom Täter unerwünschte Handlungen ausgeübt?**
☐ täglich ☐ wöchentlich ☐ monatlich ☐ unterschiedlich

2.5 **Zu wie vielen Belästigungen kam es dabei?**
☐ unter 10 ☐ unter 50 ☐ unter 100 ☐ mehr als 100

2.6 **Gab es eine Zunahme der Belästigungen?**
☐ ja ☐ nein
Wenn ja, in welcher Form?

3. Verhalten des Opfers

3.1 **Haben Sie dem Stalker klar und deutlich vermittelt, dass Sie keinen Kontakt mit ihm wünschen? (→ «Stopp» vermittelt?)**
☐ ja ☐ nein
Wenn ja, wie? ☐ verbal ☐ schriftlich
☐ durch abweisendes Verhalten
☐ durch das Einschalten von Dritten (z. B. Freunde oder Rechtsanwalt)
☐ Antrag auf Erlass einer einstweiligen Verfügung nach dem Gewaltschutzgesetz
☐ sonstiges:

3.2 **Sprechen Sie noch manchmal mit dem Stalker?**
☐ ja ☐ nein
Wenn ja, weshalb?

3.3 **Treffen Sie sich noch manchmal mit dem Stalker?**
☐ ja ☐ nein
Wenn ja, weshalb?

3.4 **Haben Sie wegen Stalking schon mit anderen Stellen Kontakt aufgenommen?**
☐ ja ☐ nein
Wenn ja, wo? **Was wurde unternommen?**

☐ Polizei:

☐ Gericht:

☐ Rechtsanwalt:

☐ Weisser Ring:

☐ Beratungsstelle:
Welcher?

☐ andere:
Welche?

3.5 **Haben Sie sich anderen Personen anvertraut?**
☐ ja ☐ nein
Wenn ja, wem?
☐ Familienmitglied ☐ Freunden/Bekannten
☐ Nachbarn ☐ Kollegen ☐ anderen:

4. Risikoeinschätzung

4.1	Hat der Täter bereits andere Personen bedroht?	☐ ja	☐ nein	☐ unbekannt
4.2	Hat der Täter bereits andere Personen verletzt? – **Wenn ja**, Art der Verletzung:	☐ ja	☐ nein	☐ unbekannt
4.3	War der Täter Ihnen gegenüber früher schon einmal gewalttätig? – **Wenn ja**, in welcher Form?	☐ ja	☐ nein	☐ unbekannt
4.4	Hat der Täter bei einem früheren Ereignis eine Waffe benutzt? – **Wenn ja**, welche?	☐ ja	☐ nein	☐ unbekannt
4.5	Besitzt der Täter eine Schusswaffe?	☐ ja	☐ nein	☐ unbekannt
4.6	Hat der Täter ein Alkohol-/Drogenproblem?	☐ ja	☐ nein	☐ unbekannt
4.7	Ist der Täter arbeitslos?	☐ ja	☐ nein	☐ unbekannt
4.8	Ist der Täter vorbestraft? – **Wenn ja**, Art der Vortat:	☐ ja	☐ nein	☐ unbekannt
4.9	Ist/war der Täter in psychiatrischer oder psychologischer Behandlung? – **Wenn ja**, wo und weshalb?	☐ ja	☐ nein	☐ unbekannt
4.10	Hat der Täter Suizidgedanken geäußert?	☐ ja	☐ nein	☐ unbekannt
4.11	Hat der Täter einen Suizidversuch unternommen?	☐ ja	☐ nein	☐ unbekannt
4.12	Hat der Täter Tötungsfantasien geäußert?	☐ ja	☐ nein	☐ unbekannt
4.13	Hat der Täter als Kind selbst Gewalt erlebt?	☐ ja	☐ nein	☐ unbekannt
4.14	Bagatellisiert der Täter sein Tun oder leugnet er die Belästigung?	☐ ja	☐ nein	☐ unbekannt
4.15	Gibt es Hinweise auf besondere Stresssituationen des Täters? (z. B. Strafverfahren, Zivilverfahren etc.)	☐ ja	☐ nein	☐ unbekannt
	– **Wenn ja**, welche?	☐ ja	☐ nein	☐ unbekannt
	Wie wird die Gefährdung des Opfers eingeschätzt?	☐ **hoch**	☐ **mittel**	☐ **gering**

5. Auswirkungen auf das Opfer

5.1 ☐ **Angst**

5.2 ☐ **körperliche Folgen**:

5.3 ☐ **Krankschreibung** ☐ aktuell ☐ in der Vergangenheit Dauer (insgesamt): Tage
Wenn Krankschreibung, wegen welcher Beschwerden?

5.4 ☐ **psychische Probleme**:

5.5 **Äußert der/die Betroffene Suizidgedanken?**
☐ ja ☐ nein
Wenn ja, weitere Abklärung! (Suizidplan, bereits unternommener Versuch etc.)

5.6 **soziale Folgen**
☐ sozialer Rückzug (z. B. weniger Kontakt mit Freunden, weniger Ausgehen als vor dem Stalking)
☐ Fernbleiben vom Arbeitsplatz
☐ sonstiges:

5.7 Medizinische oder psychologische Behandlungen wegen Stalkingfolgen

☐ ambulant — **wenn ambulant**, welche Beschwerden?

Art der Behandlung: ☐ Hausarzt ☐ Psychotherapie ☐ andere:

Häufigkeit/Dauer der Behandlung:

☐ stationär — **wenn stationär**, welche Beschwerden?

Häufigkeit/Dauer der Behandlung:

5.8 finanzielle Verluste (z. B. Umzug, Telefon, Anwaltskosten)

☐ ja ☐ nein

Wenn ja, welche?

6. Fallmanagement

6.1 Welche Maßnahmen wurden ergriffen?

- ☐ Vermittlung der «Anti-Stalking-Regeln»
- ☐ Empfehlung, sich an die Polizei zu wenden
- ☐ Empfehlung, eine einstweilige Verfügung nach dem Gewaltschutzgesetz zu beantragen
- ☐ Verweis an niedergelassenen Psychiater/Nervenarzt oder Psychotherapeut
- ☐ Empfehlung, sich in stationäre Behandlung zu begeben
- ☐ Verweis an den Weissen Ring
- ☐ Hinweis, einen Rechtsanwalt zu konsultieren
- ☐ Verweis an Beratungsstelle
  - Welche?
- ☐ sonstiges:
- ☐ keine Empfehlungen

6.2 Wurde ein weiterer Kontakt mit der Betroffenen vereinbart?

☐ ja, nächster Termin am:

☐ nein

Opfer

Geschlecht: ☐ weiblich ☐ männlich

Alter:

Familienstand:

Staatsangehörigkeit:

Kultureller Hintergrund:

Täter (falls bekannt)

Geschlecht: ☐ weiblich ☐ männlich

Alter:

Familienstand:

Staatsangehörigkeit:

Kultureller Hintergrund:

Fragebogen zum Wohlbefinden (WHO-5)

Die folgenden Aussagen betreffen Ihr Wohlbefinden in den letzten zwei Wochen. Bitte markieren Sie bei jeder Aussage die Rubrik, die Ihrer Meinung nach am besten beschreibt, wie Sie sich in den letzten zwei Wochen gefühlt haben.

In den letzten zwei Wochen …	die ganze Zeit	meistens	etwas mehr als die Hälfte der Zeit	etwas weniger als die Hälfte der Zeit	ab und zu	zu keinem Zeitpunkt
… war ich froh und guter Laune	☐ 5	☐ 4	☐ 3	☐ 2	☐ 1	☐ 0
… habe ich mich ruhig und entspannt gefühlt	☐ 5	☐ 4	☐ 3	☐ 2	☐ 1	☐ 0
… habe ich mich energisch und aktiv gefühlt	☐ 5	☐ 4	☐ 3	☐ 2	☐ 1	☐ 0
… habe ich mich beim Aufwachen frisch und ausgeruht gefühlt	☐ 5	☐ 4	☐ 3	☐ 2	☐ 1	☐ 0
… war mein Alltag voller Dinge, die mich interessieren	☐ 5	☐ 4	☐ 3	☐ 2	☐ 1	☐ 0

Punktberechung

Der Rohwert kommt durch einfaches Addieren der fünf Antworten zustande. Der Rohwert erstreckt sich von 0 bis 25, wobei 0 das geringste Wohlbefinden und 25 das größte Wohlbefinden bezeichnen.

Rohwert: ____________

Günstiges Verhalten bei Stalking

- Einmal klar, zweifelsfrei, eindeutig sagen, dass kein weiterer Kontakt gewünscht wird (auch keine Auseinandersetzung über die Gründe).
- Alle weiteren Belästigungen des Stalkers KONSEQUENT IGNORIEREN (keine Ausnahme machen)!
- Keine Erläuterung oder Entschuldigung!
- Weiteren Kontakt vermeiden. Den Stalker im Unklaren lassen, ob und wie seine Aktionen ankommen.
- Telefon einfach auflegen, kein Gespräch führen. Auch nicht bei Drohungen und Erzeugen von Schuldgefühlen.
- Anrufbeantworter schalten, nicht selbst besprechen.
- Stalking-Vorfälle dokumentieren (Datum, Uhrzeit).
- Nachrichten, E-Mails, Briefe archivieren.
- Öffentlichkeit herstellen: Familie, Freunde, Nachbarn … informieren.
- Anzeige bei der Polizei.
- Rechtsanwalt einschalten, ggf. Anzeige erstatten.

Ungünstiges Verhalten bei Stalking

- Nach Trennungsmitteilung noch längere Diskussionen führen: vermittelt Unsicherheit und Unentschlossenheit.
- «ausnahmsweise» Gespräch führen, Emotionen zeigen: Stalker lernt, hartnäckig zu sein.
- Erklärungen per Brief oder Telefongespräch, um die Beziehung zu klären, den Täter von der Sinnlosigkeit seines Anliegens zu überzeugen: Stalker hat erfolgreich Kontakt hergestellt!
- Briefe, Pakete zurückschicken (siehe Lernen): Stalker bekommt eine Reaktion, Kontakt ist hergestellt.
- Aktive Gegenwehr (Stärke, Autonomie, Unabhängigkeit zeigen): das Gegenteil wird erreicht (siehe Lernen).
- Selbstbehandlungsversuche. Lassen Sie sich helfen.

Maßnahmen bei Cyberstalking

Vorsicht mit der Preisgabe persönlicher Informationen im Internet!

- Sorgen Sie dafür, dass so wenig persönliche Informationen von Ihnen wie möglich im Internet verfügbar sind.
- Bitten Sie Familie, Freunde, Bekannte, keine Fotos, Filme u. Ä. ins Internet zu stellen, auf denen Sie zu sehen sind.
- Teilen Sie beim Versenden von E-Mails nur den Menschen persönliche Dinge mit, die Sie auch im realen Leben kennen.

Auf Netzwerk- und Computersicherheit achten

- Firewall und eine aktuelle Virensoftware verwenden.
- W-LAN nur verwenden, wenn es angriffssicher geschützt ist.
- Für den E-Mail-Verkehr eine «externe» Mailsoftware verwenden statt einer Software, die mit dem Betriebssystem geliefert wird (enthält oft Sicherheitslücken).
- Lassen Sie sich bei Bedarf von einem Computerspezialisten beraten.

Bei Stalking über soziale Netzwerke

- Stalker blockieren bzw. sperren.
- Betreiber des Netzwerks kontaktieren (kann Profil des Stalkers löschen).

Bei Veröffentlichung von Bildmaterial, Filmen u. Ä. gegen Ihren Willen

- Betreiber der Seite/ des Portals kontaktieren (Material muss bei Verstoß gegen Ihre Persönlichkeitsrechte entfernt werden).

Wenn Sie über E-Mail-Kommunikation belästigt werden

- Neue E-Mailadresse anlegen, die vertraulich behandelt wird.
- Alte E-Mailadresse behalten (nicht abmelden!) und dort die Nachrichten des Stalkers sichern.

Beweise sichern (soweit möglich)

- E-Mails des Stalkers sichern.
- Screenshots von Foreneinträgen, Blogs, Online-Inseraten u. Ä. anfertigen.
- betreffende Internetseiten speichern.

Polizei informieren

Ausführliche Informationen bezüglich Internetsicherheit: www.klicksave.de

Rechtlicher Schutz gegen Stalking

Stalking-Opfern ist grundsätzlich zu raten, sich so frühzeitig wie möglich gegen den Stalker zur Wehr zu setzen. Hierfür stehen zivilrechtliche und strafrechtliche Mittel zur Verfügung:

1. Zivilrecht

Nach dem Gewaltschutzgesetz kann das Opfer eine zivilrechtliche Schutzanordnung gegen den Stalker erwirken, also beispielsweise ein Kontakt- oder Näherungsverbot. Diese Schutzanordnung kann zivilrechtlich unter anderem mit der Festsetzung von Ordnungsgeld und Ordnungshaft vollstreckt werden. Weitere Informationen zum Gewaltschutzgesetz enthält die Broschüre «Mehr Schutz bei häuslicher Gewalt», die Sie ebenfalls auf der Homepage des Bundesministeriums der Justiz finden.

2. Strafrecht

§ 238 StGB (Nachstellung) sieht Freiheitsstrafe bis zu drei Jahren oder Geldstrafe für denjenigen vor, der einem anderen durch in der Vorschrift näher beschriebene Handlungen unbefugt nachstellt und dadurch seine Lebensgestaltung schwerwiegend beeinträchtigt. Höhere Strafdrohungen sind vorgesehen für Täter, die das Opfer, einen Angehörigen des Opfers oder eine andere dem Opfer nahe stehende Person durch das Stalking in die Gefahr des Todes oder einer schweren Gesundheitsschädigung bringen. Freiheitsstrafe von einem bis zu zehn Jahren ist angedroht, wenn der Täter durch die Tat den Tod des Opfers, eines Angehörigen des Opfers oder einer anderen dem Opfer nahe stehenden Person verursacht.

Viele Stalking-Handlungen erfüllen auch andere Straftatbestände des Strafgesetzbuchs. Je nach den Umständen des Einzelfalles können insbesondere die Straftatbestände des Hausfriedensbruchs, der Beleidigung, der sexuellen Nötigung, vorsätzlichen oder fahrlässigen Körperverletzung, Nötigung und Bedrohung sowie die Tatbestände hinsichtlich der Verletzung des persönlichen Lebens- und Geheimbereichs erfüllt sein.

Auch das seit Januar 2002 geltende Gewaltschutzgesetz sieht strafrechtlichen Schutz vor. Bei einer Zuwiderhandlung gegen eine zivilgerichtliche Schutzanordnung macht sich der Täter strafbar: Es drohen Freiheitsstrafe bis zu einem Jahr oder Geldstrafe (§ 4 GewSchG). Damit ist sichergestellt, dass auch Nachstellungen, die nicht von den Straftatbeständen des Strafgesetzbuches erfasst sein sollten, strafrechtlich geahndet werden können.

3. Welche Vorgehensweise ist die richtige?

Welche Vorgehensweise bei Stalking sachgerecht ist, lässt sich nicht allgemeingültig sagen, sondern hängt von den Umständen des Einzelfalls ab. Betroffene sollten professionellen Rat einholen, wie sie sich in ihrer konkreten Situation am besten verhalten. Hilfestellung leisten insbesondere Opfer- und Gewaltberatungsstellen, Frauenhäuser und Selbsthilfeinitiativen sowie Rechtsanwältinnen und Rechtsanwälte. Vor allem in konkreten Gefahrensituationen können sich die Opfer selbstverständlich auch an die Polizei wenden. Die Polizei muss zur Verhinderung von Straftaten einschreiten. Sie ist verpflichtet, jede Strafanzeige aufzunehmen und bei Verdacht auf Straftaten ein Ermittlungsverfahren einzuleiten.

(weiter Seite 2)

Rechtlicher Schutz gegen Stalking (2)

4. Welche Kosten entstehen?

In einem strafrechtlichen Verfahren fallen Kosten für das Opfer im Allgemeinen nicht an. Wer sich allerdings im Strafverfahren anwaltlich vertreten lässt, muss hierfür grundsätzlich selbst bezahlen. Nur bei sehr schwerwiegenden Delikten, insbesondere gegen die sexuelle Selbstbestimmung, hat das Opfer Anspruch auf die kostenlose Beiordnung eines Rechtsanwalts als Beistand durch das Gericht. In Fällen des § 238 StGB ist die Gewährung von Prozesskostenhilfe für die Inanspruchnahme einer Anwältin/eines Anwaltes nach dem für die Nebenklagedelikte geltenden § 397a Abs. 2 StPO möglich. Bei Straftaten nach § 4 GewSchG, die ebenfalls zur sogenannten Nebenklage berechtigten, kann dem Opfer, das bedürftig ist, durch das Gericht Prozesskostenhilfe gewährt werden.

Im Zivilrecht muss die im Prozess unterliegende Partei sämtliche Verfahrenskosten tragen. Zu den Verfahrenskosten zählen Gerichts- und Anwaltsgebühren sowie die bei Gericht und bei den Anwälten anfallenden Auslagen, also etwa Fahrtkosten. Die Höhe der Gebühren richtet sich nach dem jeweiligen Streitwert. Auch die Vollstreckungskosten fallen der unterliegenden Partei zur Last. Gerichts- und Vollstreckungskosten sind allerdings zunächst vom Rechtssuchenden vorzustrecken. Rechtsanwältinnen und Rechtsanwälte verlangen ebenfalls regelmäßig einen Vorschuss. Das Opfer trägt damit das Risiko, die vorgestreckten Kosten später beim Täter nicht beitreiben zu können, weil bei diesem „nichts zu holen ist". Das Opfer kann aber aufgrund des gerichtlichen Kostenfestsetzungsbeschlusses über Jahre hinweg auf das Vermögen des Täters zugreifen und wiederholte Vollstreckungsversuche unternehmen: Aus einem rechtskräftigen Titel kann 30 Jahre vollstreckt werden. Das Opfer hat also auch dann eine Chance an sein Geld zu kommen, wenn der Täter momentan vermögenslos ist und sein Einkommen die Pfändungsgrenze nicht übersteigt.

Das geltende Recht stellt in jedem Fall sicher, dass eine Rechtsverfolgung nicht an den Kosten scheitert: Wer die Kosten für ein erfolgversprechendes Gerichtsverfahren nicht aufbringen kann, kann Prozesskostenhilfe beantragen. Außerhalb eines gerichtlichen Verfahrens kann Beratungshilfe beantragt werden. Weitere Informationen hierzu enthält die Broschüre «**Guter Rat ist nicht teuer**», die Sie ebenfalls auf der Homepage des Bundesministeriums der Justiz finden können

Quelle: Bundesministerium der Justiz

www.bmj.bund.de/enid/0ce2f624ece08714ae737a8c3f3d527c,451605305f7472636964092d0934323035/Stalking/Rechtlicher_Schutz_gegen_Stalking_nk.html (14.12.2009)

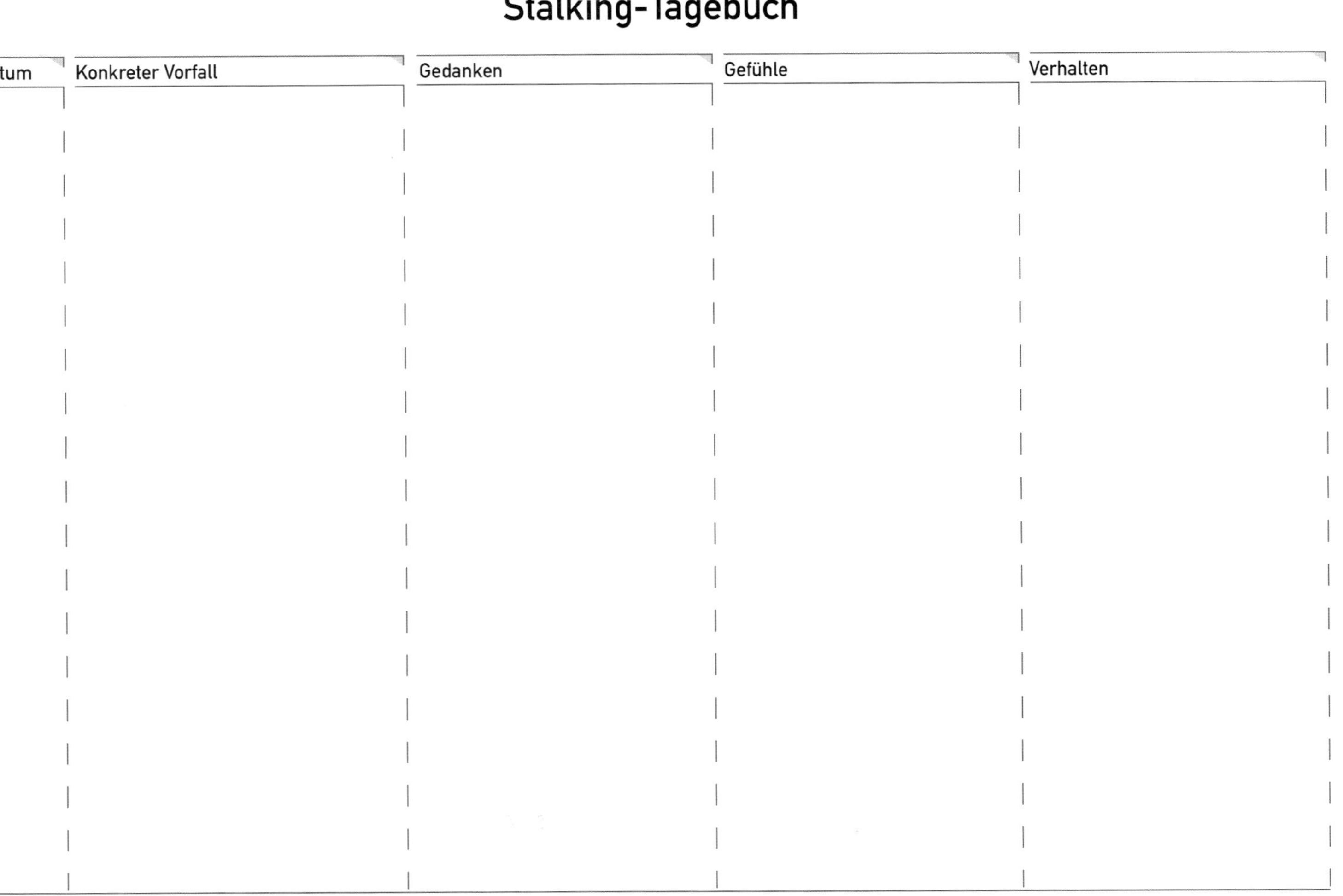

Stalking-Tagebuch

Datum	Konkreter Vorfall	Gedanken	Gefühle	Verhalten

«Operantes Konditionieren»: Wie lernt der Stalker?

- Bestimmte Verhaltensweisen werden durchgeführt, weil sie einen bestimmten **Effekt** haben.

  Oder:
- Die **Wahrscheinlichkeit**, mit der ein Verhalten auftritt, hängt von den **Konsequenzen** ab.

- Konsequenzen, die ein Verhalten wahrscheinlicher machen, heißen **Verstärker** (Belohnung).

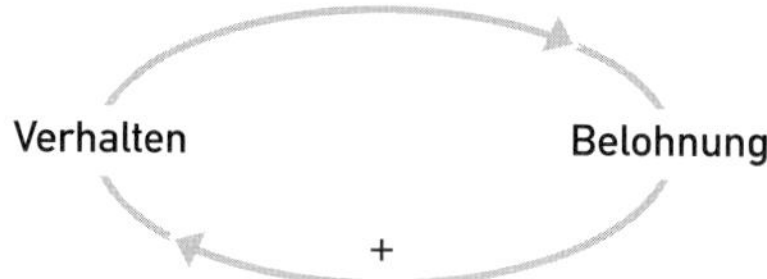

- Konsequenzen, die ein Verhalten unwahrscheinlicher machen, wirken als «Bestrafung» und **löschen** ein Verhalten mit der Zeit.

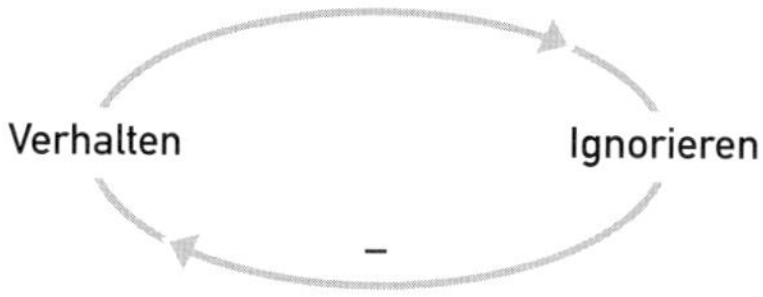

«Operantes Konditionieren»: Wie lernt der Stalker? (2)

- Für einen Stalker, der sich in erster Linie Kontakt zum Opfer wünscht, sind **Aufmerksamkeit** und **Kontaktaufnahmen** wichtige Verstärker, die sein Stalking-Verhalten aufrecht erhalten.
- Besonders **hartnäckig** wird Verhalten dann gelernt, wenn die Verstärkung **nicht jedes Mal** auftritt.
- Beispiel: Stalker bekommt beim 50. Anruf doch noch eine Antwort.

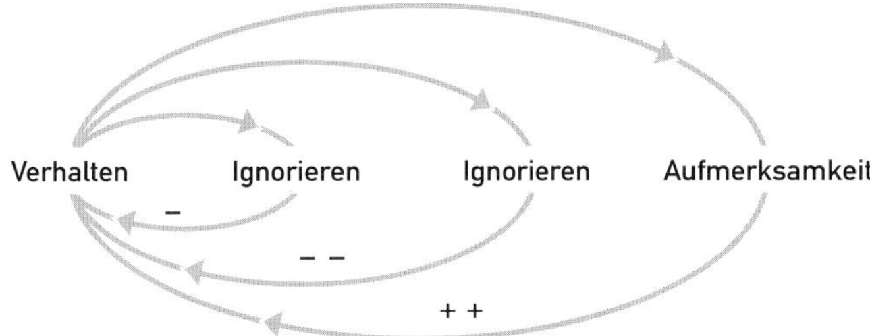

- Lernerfolg: «Besonders penetrantes, intensives Stalking lohnt sich.»
- Einzige Chance: konsequente «Löschung» des Verhaltens durch **absolutes Nicht-Beachten**.

Arbeitsblatt
Welche meiner Verhaltensweisen sind für mich günstig und welche sind ungünstig?

Günstige Verhaltensweisen	Ungünstige Verhaltensweisen

Stressimpfung

Stressimpfung ist die gedankliche und emotionale Vorbereitung auf belastende Situationen. Dabei wird das eigene Handeln durch inneres Sprechen, sog. «Selbstinstruktionen», gesteuert und damit das «Coping» – die Bewältigung der belastenden Situation – verbessert.

Die Selbstinstruktionen beziehen sich sowohl auf den Umgang mit den eigenen Emotionen als auch auf das Einhalten der ausgearbeiteten Lösungsstrategien.

Selbstinstruktionen werden für folgende Stadien ausgearbeitet:

- **vor** dem Eintritt in die belastende Situation
- beim **Eintritt** in die belastende Situation
- für die mögliche Phase des **Überwältigtwerdens** von der Situation
- **nach** dem Austritt aus der belastenden Situation.

Selbstinstruktionen sollen …

- konkret auf die Situation passen
- auf die jeweilige Person passen
- helfen, sich auf die Gegenwart zu konzentrieren
- helfen, die Dinge so zu nehmen wie sie sind (statt nur die negativen Konsequenzen zu betrachten)
- helfen, das eigene Zielverhalten umzusetzen.

(weiter Seite 2)

Stressimpfung (2)

Beispiele für Selbstinstruktionen

1. Zur Vorbereitung auf eine Stresssituation

- Was ist zu tun?
- Ich kann einen Plan entwickeln
- Denke nicht an den Stress, sondern daran, was du tun musst.

2. Konfrontation mit der Stresssituation

- Entspanne dich, du hast dich unter Kontrolle
- Atme tief durch, so ist es gut
- Tue jetzt den ersten Schritt, den du vorbereitet hast
- Du schaffst es
- Denke nur über das nach, was du zu tun hast
- Mache alles so wie du geplant hast, Schritt für Schritt

3. Phase des Überwältigtwerdens, kritische Momente

- Konzentriere dich auf das Jetzt: Was hast du zu tun?
- Versuche, die Furcht nicht völlig zu unterdrücken, nur so weit, dass du damit zurecht kommst.

4. Nach der Stresssituation

- Es hat geklappt.
- Du hast es geschafft.
- Es war nicht so schlimm, wie ich erwartet hatte.
- Es hat nicht geklappt. Das ist nicht tragisch, ich probiere es erneut.
- Du kannst mit deinen Fortschritten zufrieden sein.
- Ich bin stolz auf mich, dass ich mich der Situation gestellt habe.

Arbeitsblatt
Stressimpfung

1. **Analyse der belastenden Situation** (real oder vorgestellt)
   Wie läuft die Situation ab? ....
   ....
   ....
   ....

   Wie reagiere ich normalerweise?
   Wie verhalte ich mich? ....

   Meine Gedanken: ....

   Meine Gefühle: ....

2. **Meine Ziele**
   Was will ich erreichen? ....

   Wie will ich handeln? ....

   Wie möchte ich mich fühlen? ....

(weiter Seite 2)

Arbeitsblatt
Stressimpfung

3. **Selbstinstruktionen**

Phase der Situation: ....

Selbstinstruktion(en): ....

....

Phase der Situation: ....

Selbstinstruktion(en): ....

....

Phase der Situation: ....

Selbstinstruktion(en): ....

....

Phase der Situation: ....

Selbstinstruktion(en): ....

....

Selbstinstruktion(en), wenn es nicht gut geklappt hat: ....

....

Möglichkeiten, wie ich meine Gedanken hinterfragen kann

1. **Die Gedanken auf ihre Funktionalität prüfen**

   - Hilft mir dieser Gedanke/diese Einstellung, mich so zu verhalten wie ich es möchte?
   - Wie fühle ich mich, wenn ich so denke?
   - Hilft mir dieser Gedanke/diese Einstellung, mich so zu fühlen wie ich es möchte?

2. **Perspektivenwechsel**

   - Ich stelle mir vor, eine gute Freundin von mir wäre von Stalking betroffen. Was würde ich ihr antworten, wenn sie xy sagen würde?
   - Was würde mir eine gute Freundin erwidern, wenn ich ihr diesen Gedanken mitteilen würde?

3. **Realitätstestung**

   - Ist meine Einstellung realistisch? Ist es wirklich so?
   - Welche anderen Möglichkeiten gibt es die Situation zu sehen?

Beispiel:

Frau B. wird von ihrem Ex-Mann gestalkt, der ein Alkoholproblem hat. Er hat Frau B. gegenüber wiederholt geäußert, sie sei für seinen schlimmen Zustand verantwortlich, schließlich habe sie ihn fallen lassen wo er sie doch so sehr gebraucht hätte.

Frau B. denkt: **«Ich bin Schuld daran, dass es ihm so schlecht geht und er sich jetzt so verhält, denn ich habe ihn verlassen und damit konnte er nicht fertig werden.»**
Dieser Gedanke ist dysfunktional, da sich Frau B., wenn sie so denkt, schlecht fühlt: Sie hat Schuldgefühle und ist emotional «labil». Dann kann es passieren, dass sie auf eine Kontaktaufnahme ihres Ex-Manns reagiert und versucht, ihn dazu zu bringen, eine Therapie zu machen.

→ **Beispiele für Gedanken hinterfragen durch Realitätstestung:**
- «Wie ging es ihm denn früher, bevor er mich kannte? Hatte er da sein Leben komplett im Griff?»
- «Hatte er auch schon Alkoholprobleme, bevor oder während ich mit ihm zusammen war?»
- «Inwieweit sind Menschen denn verantwortlich für das Verhalten anderer Menschen?»

Alternativgedanken:
- «Ich bin nicht für sein Verhalten verantwortlich.»
- «Er ist erwachsen und muss die Konsequenzen seines Handelns selbst tragen.»

Imaginationsübungen zur Unterbrechung belastender Gedanken

Übung 1: «Das Stoppschild»

Setzen Sie sich einen visuellen Reiz, indem Sie sich ein rotes Stopp- Verkehrsschild vorstellen. Lassen Sie das Stoppschild vor Ihrem inneren Auge ganz groß erscheinen und sagen Sie dabei (am besten laut) zu sich selbst: «STOPP!» Sie erhöhen die Wirkung, indem Sie sich einen zusätzlichen sensorischen Reiz setzen, indem Sie mit der Faust auf den Tisch hauen, mit dem Finger schnalzen, mit dem Fuß aufstampfen, sich zwicken oder Ähnliches. Beschäftigen Sie sich **direkt im Anschluss** mit einer Tätigkeit, die Sie ablenkt, z.B. mit Freunden telefonieren/treffen (wichtig: über andere Themen sprechen als über das Stalking!), Sport machen, einen Einkaufszettel schreiben oder überlegen, was Sie sich als nächstes kochen möchten etc.

Hinweis:
Die Liste mit angenehmen Tätigkeiten (s. Kapitel zur Aktivitätssteigerung) kann hierbei sinnvoll sein, da Sie sich von dort eine angenehme Tätigkeit aussuchen können, wenn Ihnen zunächst nichts einfällt.

Übung 2: «Die Wolke»

Stellen Sie sich vor, Sie liegen auf einer grünen Wiese. Sie liegen auf dem Rücken und blicken in den blauen Himmel über Ihnen. Ab und zu sehen Sie eine weiße Wolke am Himmel vorbeiziehen. Stellen Sie sich nun vor, wie Sie alle belastenden Gedanken auf eine dieser weißen Wolken ablegen. Fühlen Sie, wie erleichtert Sie sind, als wären Sie eine schwere Last losgeworden. Spüren Sie die Erleichterung auch körperlich. Sehen Sie zu, wie die Wolke mit den Gedanken langsam von dannen zieht, bis sie aus Ihrem Sichtfeld verschwunden ist.

(weiter Seite 2)

Imaginationsübungen zur Unterbrechung belastender Gedanken (2)

Übung 3: «Das rote Wollknäuel»

Setzen Sie sich bequem auf einen Stuhl, Ihre Fußsohlen berühren den Boden. Schließen Sie Ihre Augen. Achten Sie auf Ihren Atem, wie er langsam und ruhig ein- und wieder ausströmt. Mit jedem Ausatmen entspannen Sie Ihr Gesicht, Ihren Nacken, Ihre Schultern, Ihre Arme und Ihre Hände ein wenig mehr. Spüren Sie, wie Ihr Gesäß und Ihre Füße mit jedem Ausatmen immer schwerer aufliegen. (...)

Stellen Sie sich nun vor, Sie befinden sich an einem Ort, an dem Sie sich wohl, ruhig und geborgen fühlen. Lassen Sie sich eine Weile Zeit, bis dieser Ort vor Ihrem inneren Auge entstanden ist und stellen Sie sich ihn so genau wie möglich vor. Was sehen Sie, was hören Sie, was riechen Sie, was fühlen Sie an diesem Ort? (...)

Wenn Sie das Bild genau vor Augen haben, verabschieden Sie sich zunächst wieder von Ihrem Ort. Lassen Sie Ihre Augen geschlossen. **Spannen Sie nun Ihre Hände zu Fäusten an.**

Stellen Sie sich nun vor, Ihre belastenden Gedanken bestehen aus einem roten, langen Wollfaden. Wickeln Sie diesen roten Faden Ihrer Gedanken langsam zu einem Wollknäuel auf. Sie sehen zu, wie das Knäuel langsam dicker und runder wird. Sie nehmen das Wollknäuel anschließend in Ihre Hand und gehen damit zu einer Kammer, in der ein Tisch steht. Auf dem Tisch steht eine kleine Truhe, die mit einem Schloss versehen ist. Der Schlüssel steckt. Sie schließen die Truhe auf, legen das Wollknäuel hinein und schließen die Truhe anschließend mit dem Schlüssel wieder ab. Sie legen den Schlüssel neben der Truhe auf dem Tisch ab, gehen aus der Kammer hinaus und machen die Tür zur Kammer hinter sich zu.

→ Mit dem Schließen der Kammertüre (beim Wort «zu») **entspannen Sie Ihre Hände und Arme** und achten auf den angenehmen Übergang von der Anspannung zur Entspannung. Begeben Sie sich nun wieder an Ihren Ruheort. Stellen Sie ihn sich wieder mit allen Sinnen vor. Verweilen Sie dort eine zeitlang (ca. 1 Minute Zeit lassen).

Kehren Sie jetzt bitte zu mir zurück. Öffnen Sie langsam Ihre Augen und räkeln und strecken Sie sich kräftig, um wieder wach zu werden.

Übungen zum Umgang mit überschießenden Emotionen

Atemübung 1

Atmen Sie ganz ruhig durch die Nase, Ihr Mund ist geschlossen. Achten Sie jetzt darauf, wie die Luft kühl in die Nase einströmt und vom Körper erwärmt warm wieder ausströmt. Spüren Sie, wie Sich Ihre Schultern und Ihr Nacken mit jedem Ausatmen ein wenig mehr entspannen. Mit jedem Ausatmen sinken die Schultern ein wenig mehr ab.

Atemübung 2

Atmen Sie etwas tiefer ein als gewöhnlich. Dann atmen Sie in einer Bewegung wieder aus, ohne den Atem nach dem Einatmen anzuhalten. Wenn Sie ausgeatmet haben, halten Sie Ihren Atem für ca. 6–10 Sekunden an. Finden Sie selbst heraus, welche Zeit für Sie am angenehmsten ist. Zählen Sie in Gedanken von 1001 bis 1006 oder 1010 (eintausendundeins ... eintausendundsechs). Nachdem Sie den Atem angehalten haben, atmen Sie wieder ein, atmen in einer Bewegung wieder aus, ohne den Atem anzuhalten, und halten ihn dann für weitere 6 bis 10 Sekunden an.

→ Wiederholen Sie die Übung für 2 bis 3 Minuten bzw. so lange, bis Sie deutlich entspannter und ruhiger sind. Mit der Übung reduzieren Sie die Sauerstoffzufuhr und Ihr Körper hat weniger Energie zur Anspannung (Wolf, 2007).

Kurzentspannung

Verschränken Sie die Hände hinter dem Kopf und drücken Sie die Ellbogen so weit es geht nach hinten. Pressen Sie Zähne und Lippen fest aufeinander. Strecken Sie die Beine vor, drücken Sie die Fußspitzen nach unten und spannen Sie dabei alle Muskeln an. Atmen Sie ein, halten Sie die Luft an, und pressen Sie dabei Ihre Bauchmuskeln an.

Bleiben Sie in diesem Zustand und zählen Sie in Gedanken langsam bis 5.

Atmen Sie langsam wieder aus. Lassen Sie Ihre Glieder dabei entspannt fallen und lockern Sie sich am ganzen Körper. Bleiben Sie eine Weile in diesem Zustand völliger Entspannung.

Vor dem Aufstehen sprechen Sie in Gedanken die Formel: 4, 3 ,2 ,1 – ich fühle mich wohl und erfrischt, hellwach und ruhig.

Wiederholen Sie diese Übung einige Male, bis Sie sie ganz beherrschen.

Liste angenehmer Aktivitäten

(in Anlehnung an Hautzinger, 2000)

Tragen Sie in die rechte Spalte ein, wie angenehm Ihnen diese Tätigkeit ist. Beurteilen Sie dies, egal ob Sie diese Tätigkeit jemals ausgeführt haben oder nicht.

unangenehm oder neutral = 0
einigermaßen angenehm = 1
sehr angenehm = 2

1 Einen Ausflug ins Grüne machen ....
2 Ins Kino gehen ....
3 Ins Theater gehen ....
4 In ein Konzert gehen ....
5 In die Oper gehen ....
6 Ins Kabarett gehen ....
7 Einen Stadtbummel machen ....
8 In den Zirkus/Zoo/Tierpark gehen ....
9 Mich im Park auf eine Wiese legen und ein Buch lesen ....
10 Einen Vergnügungspark besuchen ....
11 Zu einer Gerichtsverhandlung gehen ....
12 Zu einer Familienfeier gehen ....
13 Zu einem öffentlichen Fest gehen (Weinfest, Straßenfest etc.) ....
14 Ins Café gehen ....
15 Ein Eis essen gehen ....
16 In eine Kneipe gehen ....
17 Auf einen Flohmarkt gehen ....
18 Zu einem Vortrag gehen ....
19 An einer Tagung teilnehmen ....
20 Ein Museum oder eine Ausstellung besuchen ....
21 Zu einer Sportveranstaltung gehen ....
22 An einer Sportveranstaltung teilnehmen ....
23 In einer Mannschaft spielen ....
24 Spazieren gehen ....
25 Wandern ....
26 Fußball spielen ....
27 Volleyball/Basketball/Handball spielen ....
28 Ins Hallenbad/Freibad gehen ....
29 Ins Thermalbad gehen ....
30 Federballspielen ....
31 Tischtennis spielen ....
32 Tennis spielen ....
33 Boccia spielen ....
34 Radfahren ....

Liste angenehmer Aktivitäten, Seite 2

35 Golf oder Minigolf spielen ....
36 Joggen/Waldlauf ....
37 Skilaufen (Langlauf/Abfahrt) ....
38 Snowboard fahren ....
39 Schlittenfahren ....
40 Schlittschuhlaufen ....
41 Boot fahren (Ruder-, Segel-, Motorboot, Dampfer) ....
42 Schießsport betreiben ....
43 Angeln ....
44 Reiten ....
45 Bowling spielen oder Kegeln ....
46 In die Sauna/in ein Dampfbad gehen ....
47 Billard spielen ....
48 Tanzen gehen ....
49 Einen Tanzkurs besuchen ....
50 Brettspiele spielen (Schach, Mühle, Halma, Scrabble usw.) ....
51 Karten spielen (Skat, Doppelkopf, Rommé usw.) ....
52 Würfelspiele spielen ....
53 (Kreuzwort-) Rätsel lösen ....
54 Handarbeiten (Stricken, Nähen usw.) ....
55 Malen, Zeichnen ....
56 Etwas entwerfen ....
57 Töpfern ....
58 Basteln ....
59 Gymnastik machen ....
60 Einen Gymnastikkurs besuchen ....
61 Briefmarken sammeln ....
62 Schreinern ....
63 Möbel restaurieren ....
64 Fotografieren ....
65 Film- oder Videoaufnahmen machen ....
66 Fotos sortieren ....
67 Ein Fotoalbum/eine Fotocollage gestalten ....
68 Im Fotoalbum blättern ....
69 Im Hobbykeller arbeiten ....
70 Etwas reparieren oder renovieren ....
71 Etwas Neues lernen (z. B. eine Fremdsprache) ....
72 Einen Kurs an der Volkshochschule belegen ....
73 Eine Fremdsprache sprechen ....
74 Mich um Zimmerpflanzen kümmern ....
75 Am Auto herumbasteln ....
76 Das Auto waschen ....
77 Mit dem Auto spazieren fahren ....
78 Motorradfahren ....

Liste angenehmer Aktivitäten, Seite 3

79 Im Garten arbeiten ....
80 Mich im Freien aufhalten ....
81 In der Sonne sitzen ....
82 Ein Feuer anzünden und beobachten ....
83 Den Himmel, die Wolken, ein Gewitter, einen Sonnenuntergang beobachten ....
84 Den Geräuschen in freier Natur zuhören ....
85 Tiere in freier Natur beobachten (Vögel, Schmetterlinge, usw.) ....
86 Barfuß laufen ....
87 Die Wohnung aufräumen ....
88 Putzen ....
89 Staubsaugen ....
90 Wäsche waschen, aufhängen, bügeln ....
91 In den Supermarkt gehen ....
92 Eine große Anschaffung machen (neues Auto kaufen, usw.) ....
93 Finanzielle Angelegenheiten regeln ....
94 Zum Arzt gehen ....
95 Etwas für meine Gesundheit tun ....
96 Mir einen guten Film oder Beitrag im Fernsehen ansehen ....
97 Radio hören ....
98 Mit dem Hund Gassi gehen ....
99 Mich mit Haustieren beschäftigen ....
100 Briefe oder Postkarten schreiben ....
101 Post erhalten ....
102 Mich literarisch betätigen (dichten, Texte verfassen, eine Lesung besuchen) ....
103 Tagebuch schreiben ....
104 Die Zeitung lesen ....
105 Ein politisches Magazin lesen ....
106 Eine Frauenzeitschrift lesen ....
107 Eine Sportzeitschrift lesen ....
108 Einen Liebesroman lesen ....
109 In eine Buchhandlung gehen, mir ein Buch aussuchen und kaufen ....
110 Einen Krimi lesen ....
111 Ein Sachbuch lesen ....
112 Landkarten studieren ....
113 Sonstige Literatur lesen ....
114 Musik hören ....
115 Ein Instrument spielen ....
116 In einer Musikgruppe spielen ....
117 In einem Chor singen ....
118 Singen ....
119 Schauspielerisch tätig sein ....
120 Mich verkleiden ....
121 In die Kirche gehen ....
122 Zu Gemeindeveranstaltungen gehen ....

Liste angenehmer Aktivitäten, Seite 4

123 Mich über Religion oder Philosophie unterhalten ....
124 Beten ....
125 Den Friedhof besuchen ....
126 Ein gutes Essen kochen (allein/mit Freunden) ....
127 Einen Kuchen backen ....
128 Plätzchen backen ....
129 Gut essen ....
130 Ein neues Rezept ausprobieren ....
131 Mit Freunden oder Bekannten essen gehen ....
132 Lebensmittel einmachen, einfrieren ....
133 Grillen ....
134 Ein Picknick machen ....
135 Naschen ....
136 Etwas Gutes trinken ....
137 Nachts tief und fest schlafen ....
138 Ein Nickerchen machen ....
139 Lange aufbleiben ....
140 Früh ins Bett gehen ....
141 Früh aufstehen ....
142 Ausschlafen ....
143 Ein Bad nehmen ....
144 Duschen ....
145 Sich die Haare waschen ....
146 Sich kämmen oder bürsten ....
147 Zähne putzen ....
148 Zum Friseur gehen ....
149 Massiert werden ....
150 Jemanden massieren ....
151 Sich pflegen (eincremen, rasieren usw.) ....
152 Sich schminken ....
153 Parfum benutzen ....
154 Bequeme Kleidung tragen ....
155 Elegante Kleidung tragen ....
156 Neue Kleidung tragen ....
157 Ein Kompliment bekommen ....
158 Gelobt werden ....
159 Gesagt bekommen, dass man gemocht wird ....
160 Küssen ....
161 Kuscheln ....
162 Sexuelle Befriedigung haben ....
163 Sich selbst loben ....
164 Jemand anderen loben ....
165 Jemandem ein Kompliment machen ....
166 Ein Geschenk erhalten ....

Liste angenehmer Aktivitäten, Seite 5

167 Einen Kranken besuchen ....
168 Hilfe oder Ratschlag erhalten ....
169 Jemandem einen Gefallen tun ....
170 Jemandem eine Freude bereiten ....
171 Jemandem ein Geschenk machen ....
172 Meiner Familie etwas kaufen ....
173 Jemandem helfen oder einen Ratschlag geben ....
174 Jemanden anlächeln ....
175 Mit jemandem ein Schwätzchen halten ....
176 Mit jemandem diskutieren ....
177 Eine offene und ehrliche Unterhaltung führen ....
178 Sich nach einem Streit wieder versöhnen ....
179 Über meine Gesundheit sprechen ....
180 Jemandem die Meinung sagen ....
181 Über frühere Zeiten sprechen ....
182 Sich über Politik unterhalten ....
183 Sich über Sport unterhalten ....
184 Witze erzählen ....
185 Witze anhören ....
186 Wetten ....
187 Eine Rede oder einen Vortrag halten ....
188 Jemanden necken oder einen Streich spielen ....
189 Zu Klassen-/Alterstreffen gehen ....
190 Alte Freunde wiedersehen ....
191 Eine lebhafte Unterhaltung führen ....
192 Über meine Kinder oder Enkel sprechen ....
193 Jemand Neues kennenlernen ....
194 Mitglied in einem Verein sein/werden (Kegelclub, Freiwillige Feuerwehr usw.) ....
195 Vorsitzender eines Vereins sein/werden ....
196 Zu Versammlungen gemeinnütziger oder sozialer Vereine gehen ....
197 Mit Freunden/Bekannten zusammen sein ....
198 Mit meinem Partner zusammen sein ....
199 Mit meiner Familie zusammen sein ....
200 Mit meinen Enkelkindern spielen ....
201 Mit Kindern zusammen sein ....
202 Andere Menschen beobachten ....
203 Andere Menschen besuchen ....
204 Besuch bekommen ....
205 Leute miteinander bekannt machen ....
206 Fröhlich sein, gute Stimmung verbreiten ....
207 Lachen ....
208 Eine Aufgabe gut durchführen ....
209 Einen Erfolg feiern ....
210 Mich mit jemandem verabreden ....

Liste angenehmer Aktivitäten, Seite 6

211 Über mich nachdenken
212 Nur so herumsitzen und über irgend etwas nachdenken
213 Positive Zukunftspläne schmieden
214 In Gedanken meine Traumwohnung einrichten
215 Über Leute nachdenken, die ich mag
216 Tagträumen
217 Eine Entspannungs-CD hören
218 Etwas planen oder organisieren
219 Mir einen Wunsch erfüllen
220 Mir etwas Schönes kaufen
221 Einen Ausflug planen
222 Einen Urlaub planen
223 Camping machen
224 Eine Busreise/Gruppenreise machen
225 Mit dem Zug fahren
226 Mit dem Flugzeug fliegen
227 Ein persönliches Problem lösen
228 In Urlaub fahren
229 Mich politisch betätigen
230 Erkundungsgänge machen/die eigene Umgebung besser kennenlernen
231 Eine fremde Stadt erkunden
232 Meine Lieblingsstadt besuchen und vertraute Orte aufsuchen
233 Langsam durch schöne Straßen meiner Stadt schlendern
234 Eine originelle Idee haben
235 Berühmte Leute sehen
236 Ein Date haben
237 Mich erfolgreich um einen Job bewerben
238 Telefonieren
239 Mit jemandem derselben Meinung sein
240 Meditation oder Yoga betreiben
241 In eine Bibliothek gehen
242 Mich an einem Wettbewerb beteiligen
243 Mir selbst Blumen schenken
244 Einen Wiesenblumenstrauß pflücken
245 Mir einen Foto-Bildband mit Naturaufnahmen ansehen
246 Frische Luft tief einatmen und genießen
247 Wind im Gesicht spüren
248 Einen angenehmen Duft tief einatmen
249 In eine Parfümerie gehen und meinen Lieblingsduft herausfinden
250 Mich sonnen

So hilft der WEISSE RING

Opferschutz und Opferhilfe gehören zu den Grundpfeilern einer humanen Gesellschaft, die sich ihrer Verantwortung für in Not geratene Mitmenschen stets bewusst sein muss. Der WEISSE RING leistet mit seinem Hilfsangebot für Opfer von Kriminalität und Gewalt hierzu einen wichtigen und unverzichtbaren Beitrag.

Nach einer Straftat gilt das öffentliche Interesse meist nur dem Tatgeschehen, der Persönlichkeit des Täters, seiner Verfolgung und Verurteilung. An das Opfer und sein Schicksal nach der Tat wird immer noch zu wenig gedacht. Dies zu ändern ist Ziel und Aufgabe des WEISSEN RINGS. Der gemeinnützige Verein wurde 1976 ins Leben gerufen und ist für Politik, Justiz, Polizei, Wissenschaft und Medien anerkannter und kompetenter Ansprechpartner in allen Fragen der Opferhilfe und des Opferschutzes.

Eine große Zahl von Menschen erleiden als Opfer von Kriminalität und Gewalt körperliche, seelische und materielle Schäden. Sie werden bedroht, überfallen, beraubt, misshandelt, sexuell missbraucht oder gar getötet. Bei derzeit jährlich mehr als 6,1 Millionen registrierten Straftaten in Deutschland weist die Polizeiliche Kriminalstatistik dort mehr als 220 000 Opfer allein aus dem Bereich der Gewaltkriminalität aus. Schließt man Rohheitsdelikte und Straftaten gegen die persönliche Freiheit mit ein, steigt die Zahl der Opfer im Jahr auf mehr als 800 000 unmittelbar betroffene Menschen. Bezieht man die Angehörigen der Opfer sowie die in einigen Deliktsbereichen erhebliche Dunkelziffer mit ein, wird das wahre Ausmaß der Kriminalitätsbelastung sowohl für die Geschädigten als auch für die Gesellschaft insgesamt sehr deutlich.

Die Erfahrung zeigt immer wieder, dass es Opfern von Straftaten oft schwer fällt, mit anderen Menschen über die Folgen der Tat und die sich daraus ergebenden bedrückenden Probleme zu sprechen. Doch meist ist es noch schwerer, mit diesen Problemen allein zurechtkommen zu müssen. Schon Hunderttausenden von Geschädigten haben die ehrenamtlichen Mitarbeiterinnen und Mitarbeiter des WEISSEN RINGS mit Rat und Tat zur Seite stehen können.

Das Hilfsangebot reicht von menschlichem Beistand und persönlicher Betreuung, Unterstützung im Umgang mit Behörden über Begleitung zu Terminen bei Gericht, Staatsanwaltschaft und Polizei, Opferzeugenbetreuung bis zu finanziellen Zuwendungen zur Überbrückung tatbedingter Notlagen. Zudem gewahrt der WEISSE RING Opfern Rechtsschutz zur Wahrung ihrer Persönlichkeitsrechte im Strafverfahren und bei der Durchsetzung sozialrechtlicher Ansprüche, u. a. nach dem Opferentschädigungsgesetz.

Die mehr als 3000 ehrenamtlich tätigen Mitarbeiterinnen und Mitarbeiter des WEISSEN RINGS in bundesweit 420 Außenstellen sind oft die ersten Menschen, die sich um Kriminalitätsopfer kümmern und mit denen die Betroffenen über ihre Probleme sprechen können. Meist sind neben körperlichen und materiellen Schäden auch psychische Belastungen ursächliche Folgen der Straftat.

Schon ein Telefongespräch, der Besuch am Krankenbett, die Hilfestellung bei Behördengängen – einfach das Gefühl, als Opfer einer Straftat nicht «vergessen» zu sein, können den Betroffenen wieder Mut und neue Hoffnung geben. Die immaterielle Hilfe ist somit das wichtigste Element der Opferarbeit.

Wer Opfer einer Straftat geworden ist, hat oft auch mit Kleinigkeiten des täglichen Lebens zu kämpfen, die plötzlich zu großen Problemen werden können. Doch sieht das in der Regel niemand. Viele Opfer, denen der WEISSE RING seine Hilfe anbietet, zeigen sich oft zunächst überrascht davon, dass sich überhaupt jemand um sie kümmert. In ihrer Not und ihrer Verbitterung hatten sie die Hoffnung vielfach schon aufgegeben. Umso dankbarer sind sie für die unerwartete Hilfe. Neben der direkten persönlichen Unterstützung leistet der WEISSE RING so auch einen wichtigen Beitrag zum Rechtsfrieden, unterstützt von seinen Mitgliedern, Spendern und Förderern.

Der WEISSE RING tritt auch öffentlich für die berechtigten Belange der Kriminalitätsopfer ein. So fordert er u. a. eine Verbesserung der rechtlichen und sozialen Situation der Geschädigten sowohl bei der staatlichen Opferentschädigung als auch beim Opferschutz. Zugleich unterstützt der WEISSE RING den Vorbeugungsgedanken sowie Projekte des Täter-Opfer-Ausgleichs und der Schadenswiedergutmachung.

Rund 8 % der vom WEISSEN RING betreuten Menschen wurden Opfer von Stalking. Im Rahmen der Aus- und Weiterbildung werden die Helferinnen und Helfer speziell mit dieser Thematik vertraut gemacht. Sie erhalten Erklärungen zu Ursachen und Wirkungen solcher Straftaten und lernen Handlungsmuster für die Betreuung der Opfer kennen. Auch wird ihnen die Einbindung des relativ neuen Gesetzes in den strafrechtlichen Rahmen vermittelt. Der WEISSE RING hat an der Einführung des Straftatbestandes nach § 238 StGB (Nachstellung) maßgeblich mitgewirkt. Forschungsförderung zum Phänomen Stalking gehört seit 2002 zum Leistungsspektrum des Vereins.

Beim 20. Opferforum des WEISSEN RINGS im Herbst 2009 waren sich namhafte Experten aus Wissenschaft, Gesetzgebung und Opferhilfe darüber einig, dass dem Thema Stalking mit Grundlagenforschung und Gesetzgebung allein kaum hinreichend Rechnung getragen werden kann. In der Forschung liegt der Fokus heute auf der Suche nach Möglichkeiten zur Vermeidung der gewaltmäßigen Eskalation von Stalking-Prozessen und auf der psychosozialen Betreuung von Stalking-Opfern. So forderten die Teilnehmer des 20. Opferforums den Gesetzgeber auf, den Straftatbestand des Stalkings einem tätlichen Angriff gleichzustellen, der einen Anspruch auf Leistungen nach dem Opferentschädigungsgesetz auslösen kann.

Die Tagungsteilnehmer wiesen zudem auf Defizite hin, wenn Kinder in das Stalking-Geschehen einbezogen sind. Für Prof. Dr. Günther Deegener, Vorsitzender des Fachbeirates Medizin/Psychologie im WEISSEN RING, und den Bundesvorsitzenden der Opferschutzorganisation, Prof. Dr. Reinhard Böttcher, ein weiteres zentrales Anliegen. Der Grundsatz «Kindeswohl geht vor Elternrecht» wird häufig in der familienrechtlichen Praxis nicht ausreichend berücksichtigt, wenn auch dem Stalker ein umfängliches Umgangsrecht zugestanden wird. Dabei werden mögliche psychotraumatische Folgen bei den Kindern aufgrund der Instrumentalisierung durch den Stalker oft nicht bedacht. Die Teilnehmer des 20. Opferforums plädierten deshalb nachdrücklich für eine stärkere Beachtung des Kindeswohls in Forschung, Opferhilfe und juristischer Praxis.

Wer selbst Opfer einer Straftat geworden ist und die Hilfe des WEISSEN RINGS in Anspruch nehmen möchte oder wer den Einsatz des gemeinnützigen Vereins für in Not geratene Kriminalitätsopfer tatkräftig in Form der Mitgliedschaft oder einer Spende unterstützen will, kann sich wenden an:

Gemeinnütziger Verein zur Unterstützung von Kriminalitätsopfern
und zur Verhütung von Straftaten e. V.
420 Außenstellen bundesweit

Opfer-Telefon 0800 0800 343

Bundesgeschäftsstelle: Weberstraße 16, 55130 Mainz
www.weisser-ring.de · E-Mail: info@weisser-ring.de
Spendenkonto: 34 34 34, Deutsche Bank Mainz, BLZ 550 700 40

Stichwortverzeichnis

A
Aktivitäten, angenehme 137, 138
Ambivalenz 61, 81, 119, 128, 129, 130
Angst 17, 37, 49
Anti-Stalking-Regel 57, 60, 88, 89, 125
Atemübungen 121, 122

B
Beweismaterial 60

C
Cyberstalking 37, 38, 39, 40, 41, 42, 65, 66

D
Drohungen 47

E
Einzelsetting 69, 100
Emotionen, belastende 119, 123
Emotionen, überschießende 119, 121
Entkatastrophisieren 113
Erotomanie *vgl.* Liebeswahn
Erstberatung 43, 45, 61, 67
Erstgespräch *vgl.* Erstberatung
Ex-Partner-Stalking 24, 27, 33, 46, 61, 81, 109

F
Fallmanagement 55
false victims *vgl.* Opfer, falsche

G
Gedanken, alternative *vgl.* Kognitionen, alternative
Gedanken, dysfunktionale *vgl.* Kognitionen, dysfunktionale
Gedanken, kreisende 116
Gedankenstopp 116
Gefährderansprache 36
Gefährdung 46, 47, 48, 56
Gefährdung Dritter 47
Gefährdungseinschätzung *vgl.* Risikoeinschätzung
Gefährdung von Kindern 46
Gewaltschutzgesetz 63
Gruppengröße 72
Gruppensetting 69, 70, 72, 75, 100, 138

H
häusliche Gewalt 22

I
Imaginationsübungen 116

K
Kognitionen, alternative 113, 114
Kognitionen, dysfunktionale 69, 78, 89, 109, 110, 111, 113
Kontaktabbruch 45, 55, 59, 61, 63, 129
Kurzentspannung 121, 122

L
Liebeswahn 28, 47

M
Mediation 59, 61
Mobbing 22

N
Nachstellung 35
Näherungsverbot 63

O
Operante Konditionierung 30, 35, 57, 58, 81, 87, 88
Opfer, falsche 51, 71
– psychotische 52, 53

Opferrechte 50, 63
Opferrolle 69, 78, 133, 134, 135

P
Paragraf 238 35
posttraumatische Belastungsstörung 31
psychosoziale Beeinträchtigung 49

R
Realitätsprüfung 129
Risikoanalyse *vgl.* Risikoeinschätzung
Risikoeinschätzung 46, 47, 48, 55
Rollenspiel 69, 77, 100, 101, 103

S
Schuldgefühle 72, 109, 119, 129, 131
Schutz, rechtlicher 55, 60
Selbstinstruktionen 103, 104, 105, 106, 121
Selbstkonzept 133
Selbstverbalisationen *vgl.* Selbstinstruktionen
Selbstwirksamkeit 125, 137
Sicherheitsmaßnahmen 48
Sicherheitsverhalten 94
Situationsanalyse 79, 94
Sorgerecht 62
SORKC-Schema 89
Stalker
– Psychopathologie 26
– Typologie 24, 25, 26
Stalking
– Auswirkungen auf die Kinder 33
– Dauer 20
– Definition 17
– Erklärungsansätze 28
– Häufigkeit 19
– psychosoziale Auswirkungen 31
– Risikofaktoren 23
– Tagebuch 75, 79, 80, 81, 83, 89, 110
Straftatbestand 35
Stressimpfung 69, 77, 103ff.
Stresskurve 104
Suizidalität 49, 56

T
Täter-Opfer-Ausgleich 59
Tätertypologie *vgl.* Stalker-Typologie
Therapeutenverhalten 70
Traumatisierung 50

U
Umgang, begleiteter 63
Umgangsregelung 62

V
Verfolgungswahn 51, 52, 53, 54, 55
Verhalten, günstiges 77, 85, 89
Verhalten, ungünstiges 77, 85, 89, 93, 133
Verhaltensanalyse 69, 85, 89, 90, 91
Verhaltensmodifikation 70, 103
Verhaltensstrategien
– allgemeine 57
– bei gemeinsamen Kindern 61
Verstärker 90
Verstärkung, intermittierende 58, 59

W
Wahn *vgl.* Verfolgungswahn